令和から始まる

天地と繋がる生きかた

―時代を読み解き
霊性を磨く方法―

矢作直樹
はせくらみゆき

明窓出版

はじめに

画家・作家　はせくらみゆき

今から10年前のこと、ふと立ち寄った書店で、青色が印象的な一冊の本が目に飛び込んできました。

書籍の名前は、「人は死なない―ある臨床医による摂理と霊性をめぐる思索」（バジリコ）というもの。東大病院に勤務する現役のお医者さんが書かれた本のようです。

家に戻り、一気読みした後、ジーンと胸が熱くなるのを覚えました。

なぜなら、私たちの本質である魂、そして「いのち」の永遠性について、しっかりと触れている著書だったからです。とりわけそのことが、さまざまな実例と共に、お医者様自身の言葉で伝えられているという事実に、驚きと感動を隠せませんでした。

実は、私自身、幼い頃からちょっと変わった子どもでした。

それは、ずっと心の中には「本当の自分」（いのちの自分・真我）がいて、表面の自分はそのアバターだと思って暮らしていたからです。

どういう感じかというと、表面の自分はいのちの自分とお話ししながら過ごします。なので、ちっとも寂しくありません。さらに、奥なる自分から見渡すと、世界はみんな繋がっていて、鳥も花も虫も、おしゃべりをしているのでした。

当時は、誰もが、そのようにして暮らしているのだと思っていたのです。


やがて、どうやら自分は、人と見え方が違っているらしいことに気がつきました。

その時の気づき以来、「いのち」との繋がりは徐々に薄れていったのですが、それでも、何か困ったことがあると、決まって、「いのち」は「閃《ひらめ》き」という形を通して、適切なアドバイスを与えてくれるのでした。

そんな「本当の自分」が、いつも伝えてくれる言葉（概念）がありました。


それは、「いのちは永遠である」ということ。

つまり、「私たちは、死なないし、死ねないし、いのちは『生き通し』で永遠の旅を続け、生成発展進化しているのだ」というのです。

そんな中で出会ったのが、「人は死なない」の書籍だったというわけです。

いのちが持つ永遠性について、真正面から切り込んでいる内容を読みながら、いつの日か、ご縁があれば、著者である矢作直樹医師とお会いできたらいいなぁと思っていました。

すると数年後、本当にその機会が訪れました。

以後、時折、意見交換を交わしたり、私が主宰する雅楽会の特別顧問としてご指導を頂いたりして、現在に至るまで交流が続いております。

矢作先生とお会いするたびに凄いなぁと感心するのは、誰に対しても、そして、どんなことに対しても誠実であろうとする姿勢であり、かつ、いつも楽しそうにされていることです。

もしかしたら、かつての日本人って、こんな感じだったのかなぁ？　と思ったりもします。

この度、矢作直樹先生との対談本――「令和から始まる天地と繋がる生きかた」が刊行されることになりました。

テーマは、ずばり、今の時代を読み解きながら、霊性を磨いていく方法についてです。

永遠の存在としての「いのち」――私たちの本質が希求しているのは、霊性進化の歩みであり、常に大調和へと向かい、生成発展していこうとする姿です。

私たちは長きにわたって、物質科学文明の中で、目に見える世界に重きをおいて生きることを選択してきましたが、そろそろ馴染みの幕は下り、新ステージの幕が開かれようとしています。

それが、「天地と繋がって生きる」ということであり、一人ひとりの人間性、霊性を磨きながら、大宇宙のリズムにそって、粛々と生きていくということなのだと思います。

もちろん「粛々と」といっても、縮こまって細々と生きるのではなく、天地の恵みを享受しながら、のびやかに、軽やかに、自分らしさを発揮して生きる時代の始まりであると捉えています。

こうした時代の変わり目というのは、やはり、いろいろなことが一気に噴き出してくるもの。昨今でいえば、新型コロナウイルス感染症を機に表立った、目まぐるしい社会的変化がその一例でしょう。

まさしく、世界中の誰もが、その影響下にあるのですから。

対談では、医師として、また事象を見抜く真っ直ぐな眼を持つ言論人として発信を続けておられる矢作先生に、読者代表として私——はせくらがインタビューをするという体をとりながら、医学的論拠を含め、現在起こっていることの意味や対処法などをお伺いしました。

加えて、先生のほうからは私に、これからの世界を拓く実相部分の鍵となる「言霊学」の叡智について教えてくださいとのリクエストを受けて、本書では、私自身、数十年に渡り研究してきた言霊世界についても、お話させていただきました。

ぜひ、皆様も、テーブルに同席しているイメージで、お読みになっていただければ幸いです。

和やかなお喋りの中で、内容は多肢に渡っています。たとえば、新型コロナウイルス蔓延の背景から、死生観、介護術、マルチバース論、果てはＵＦＯに至るまで、様々なトピックスを扱っており、さながら、角度によって変わるミラーボールのようです。

しかしながら、そのボールの中心核にあるのは、一貫して、天地と繋がる調和的な生き方へのいざないであります。


「生き通し」のいのちの世界を、「逃げず無理せず」（本書のどこかに出てきます）楽しく生きる。

いろいろあるけれど、大丈夫。

いろいろあるからこそ、次がひらける。

これから始まるメタモルフォーシスの時代を、ご一緒に愉しんでまいりましょう。

令和から始まる天地と繋がる生きかた
―時代を読み解き霊性を磨く方法―

パート3　神知《かんじ》て、神帰《かんがえ》ることが人たる所以《ゆえん》

パート1　メタモルフォーシスを体感する変革の時代

（対談　第一回目）

生き通しの感性を日本人は昔から持っている

はせくらみゆき　矢作先生、今日はよろしくお願いいたします。

矢作直樹　こちらこそ、よろしくお願いいたします。

はせくら　今回のお話では、矢作先生が医学者でいらっしゃる観点から、まずは新型コロナウイルスについて伺いたいです。

矢作　実は、新型コロナウイルス自体が、大きな流れの中の一つの仕掛けなんですね。

はせくら　仕掛けですか？

矢作　一言でいうと、新型コロナウイルスはある目的を持って世界に広まっており、全世界の人々は簡単に洗脳されてしまっています。

日本人に関していえば、東日本大震災のときは、世界で賞賛されるほど立派な態度だったのに、今回はなぜだか、だらしがないという話があるんですよね。

はせくら　だらしがない……、そうなんですね。

矢作　東日本大震災のときには、生き残った人たちが、非常に協力性が高いと言われました。

はせくら　互助の精神が素晴らしい、略奪なども起きずにみんなが落ち着いている、などと賞賛を受けていましたよね。

矢作　今回、なぜ日本人が腰抜けになっているかといえば、そのときとは大きな違いがあるからなのです。

東日本大震災のときには、生き残った方々がいらして、

「危ない状況の中、生き抜くことができてよかったね。さあ、これから頑張ろう」ということでした。

今は逆に、生きている人たちの「死ぬかもしれない」という恐怖で、全体もおかしくなっているわけです。ベクトルが、正反対なんですね。

「生きているのが当たり前」という強い錯覚を持つほとんどの人々が、「死ぬかもしれない」という恐怖に怯えている。こうなると、非常に弱いですね。

なぜかというと、「生き通し」という感覚がないからなんです。

矢作直樹氏

「輪廻」という言葉に置き換えることもできるかと思いますが。

生きているところを舞台に例えるとすれば、東日本大震災で舞台の端、ギリギリのところで落ちずにすんだ方々がいらした。

「生き延びられたのは儲けもの。運が良かったな」と、感謝の気持ちが湧きますよね。

逆に、「舞台に乗っているのが当たり前」という状態だと、まだそこから落ちる人は本当に少ないのにもかかわらず、「いつか自分も落ちるかもしれない」という恐怖に駆られてオタオタしてしまうわけです。

はせくら　なるほど。まだそこまで切羽詰まっている状況でもないにもかかわらず、心配だけは膨らんでいくという感じですか？

矢作　そうですね。

だから、東日本大震災のときは立派だったけれども、今回のコロナ騒ぎでは急にだらしなくなっちゃった、ということではなくて、ちょうどコインの表裏のように一つのものですね。

はせくらみゆき氏

はせくら　ということは、もとにあるのは一つで、そこから両ベクトルに伸びている、そして方向性が違う思考であるということですね。

では、この「**命は生き通しである**」という考え方は、かつては日本人全員が持っていたものなんでしょうか？

矢作　おそらく、体感的に知っていたと思います。
例えば、私の親の世代、大正時代くらいに生まれた人たちは、その感覚はかなりありました。
第二次世界大戦の頃は、「お国のために死ぬ」という覚悟を持った兵士たちが、「靖国で会おう」とお互いに約束していました。
亡くなってからもまた会えると確信していた。だから、強かったのだと思います。

はせくら　コロナ騒動の奥には、死に対する向き合い方、捉え方、考え方という死生観が、非常に大きく関わっているわけですね。

矢作　死が怖いというのは、三次元的な自分の世界だけがすべてで、それ以外は認めないというスタンスから生じる感情ですよね。
戦後から、それが顕著になったと思います。

はせくら　唯物史観のようなものでしょうか？

矢作　唯物とまではいいませんが、生き通しの感覚を確信的に持っていない人が、今は大多数なんじゃないでしょうか。

生き通しの感覚があったら、恐怖や不安によって思考がいびつになるということはありえないと思うんですよね。

戦前も、死生観についてのはっきりとした教育はありませんでしたが……。

はせくら　教育はされていなくても、昔から受け継がれてきた伝統や習俗が、体感としてそれを知っていたと。

矢作　そうですね。

例えば、お盆にはご先祖が帰ってくるという捉え方があって、お供物の準備をしたり、迎え火、送り火を焚くなど、死後の世界を認めるような感性を日本人は昔から持っているのですね。

私の親世代は、理屈を超えて生活の中で体得している、あるいは古くからの記憶として持っている部分というのがかなり大きかったように思います。

はせくら　そうですよね。
今も言うんでしょうか？　「ご飯は一粒でも残してはいけない」とか。

矢作　それは私も、戦前の教育を受けた両親からよく言われていました。
「ご飯を残すと目が潰れるよ」って。

はせくら　そうした、「お米一粒一粒に、神様が宿っている」などという考え方は希薄になってきていますよね。
理屈を超えた概念が、戦後になって急速に失われていったということなんですね。

矢作　ＧＨＱ（連合国軍最高司令官総司令部）の悪しき行為で、一番罪深いのが日本人の精神解体です。
彼らは、それまで連綿と培われてきた素晴らしい教育法を潰してしまいました。
神道も弾圧し、日本人としてのアイデンティティそのものを壊してしまった。

私はそれを、高次脳機能障害を起こさせたと言っているんですけれども。

それをやってしまうともう、元には戻らないんですよ。

昭和27年のサンフランシスコ平和条約発効の日をもって、本来だったら独立しなくてはならなかった。ＧＨＱは関係なく、日本人自らがすべてに責任を追うという自立心が必要だったのです。

けれども、なんら反省することなく、今日まできてしまったわけですよね。


はせくら　私たちは、その大事なことが忘れられた中で育ってきている気がします。

でも、**希望はある**んです。

なぜそこまで忘れてしまったかというと、もともとがとても素直で、いい人であるからだと思うのです。

嘘をつくことが、死より恥ずかしいことだとしてとらえられていた、先人たちの考え方が、やはり残っているんですよ。

何でも信じて素直で、何でもありがたいと思う、その美点が悪い方向に使われて、今は思考停止にさせられていますが、実はそれをも、私たちの強みへと変えることができると考えています。
とはいえ、ずっと自虐史観の中で囚《とら》われてしまうと、なかなかそれも発揮できないとは思います。

矢作　おそらく、あと10年ちょっとは落ちていくでしょう。

はせくら　まだ落ちるんですか？

矢作　落ちると思います。落ちた後に、一気にそういうふうになると見ています。

はせくら　確かに今、日本は世界的に見てもどんどん貧しい国になってきています。
かつてはジャパン・アズ・ナンバーワンとも言われていたのが、２０２０年に発表された調査によれば、日本の労働生産性は、OECD（経済協力開発機構）に加盟する37カ国中21位。主要先進7カ国の中では、最下位です。

世界の経済成長率ランキングでは34位。

転げ落ちるように、成長率が低くなってしまっているんです。

矢作　先進国の中では、一番低いと言われていますよね。

はせくら　1位はシンガポールで、日本は韓国や台湾より下位です。

逆に、日本が堂々1位なのは若者の自殺率。そして、幸福度が非常に低い。

そんな驚くような実態があるのですが、今は、私たちの奥にあるものを、自らの内で醸成していく期間でもあると思うんです。

日本の未来はクリスタルチルドレン、レインボーチルドレンに守られる

矢作　昔から、人類にとっての大調和を顕現させるという役割が日本人には与えられているので、今後、どんどん援護隊が送り込まれてくると思います。

私はそれが、クリスタルチルドレン、レインボーチルドレンだと見ています。

今の日本人についてあれこれ言う必要もなく、希望はむしろ、クリスタルチルドレン、レインボーチルドレンにあると思っているんです。

はせくら　なるほど、そうですね。
今の時代は、地球の次元上昇を引き上げる役をもって生まれてきたといわれるインディゴチルドレン（１９７０年以降の出生）、そしてクリスタルチルドレン（１９９５年以降の出生）、さらにはレインボーチルドレン（２００５年以降の出生）たちが、これからの人類の牽引役として、たくさん降りてきてくれていますものね。

矢作　そうですね。素晴らしい子どもがたくさんいますね。

おそらく、一人ひとりの意識が変わるというのはかなり大変なことだと思います。

コロナ騒動下の１年半以上を見ていて気づいたのは、最初は、一応健全な思考ができていると思えた人が全体の２割ほどでした。ところが今は、厳しく見れば０．１％です。

はせくら　ほぼいないような感じですね。

矢作　それでも、日本なら13万人くらいいるわけです。ゆるく見れば1％ぐらいはいるのかもしれませんが、間違っても1割はいないでしょう。

はせくら　どうしてこんなに落ちてしまったのでしょうか？

矢作　やはり、**メディアリテラシー**（＊インターネットなどのメディアを使いこなし、そこから得られる情報を理解する能力）**が低く、洗脳を受けて簡単に思考停止に陥《おちい》り論理思考ができなくなること、もう一つは、自分の内なる声を聞けなくなっている**んじゃないですかね。

はせくら　ということは、内なる声を聞いて、それを信頼したり確信できる度合いで、健全な思考ができる度合いも決まるということでしょうか？

矢作　そうですね。

極端にいえば、コロナを心配しても無意味なんですよ。人工的に作られたといえども、ウイルスなんですから。
ウイルスは、宿主が死んでしまったら生きていけないものです。
生命として、**自らが存在できなくなるように積極的に動くようなことはしない**でしょう。**ウイルスは自殺しません**からね。

はせくら　生き延びる場がないと、自分も死んでしまうのですね。

矢作　そうそう、自殺しないという点では、ウイルスは人間より賢いのです。ですから、自力でなんとかなるはずなのです。

はせくら　自力でというのは？

矢作　**気持ち、意識の持ちよう**ですね。
なぜ、ワクチンなどに他力本願をするんでしょうね。

はせくら　なぜでしょう？

矢作　まあ、おすがり系ですよね。

はせくら　免罪符を交付してもらったように感じるということでしょうか？

矢作　そうですね。本来なら、自分を信じれば何とでもできると思うんですよ。

はせくら　**内なる声を信頼する**ということですね。

それ以前に、もちろんメディアリテラシーに関しては、今、問題になっていると思います。どの情報を信頼していいのか分からない、そしてどう捉えていいのか分からないという方がすごく多いと思うんですね。

それについて、先生からのアドバイスはありますか？

矢作　情報の真偽を見極めるというのは、確かに簡単ではないですよね。何かを伝えるときに、例えば脅かしとか……。

はせくら　脅かし⁉

矢作　はい。そんなエネルギーを感じる場合は、まず真実ではないと思ってもいいんじゃないでしょうか。

例えば、情報を流すことの目的が、注意を促すというのならもちろん分かります。

ただ、なんのために注意を促すのかといえば、毎日を健やかに生きてほしいという心、それから派生するメッセージがなければいけないわけです。

しかし今は、そんなものはどこにもないですよね。

はせくら　ただ、恐ろしさだけという情報になってしまっている。

矢作　解決策もないようなものですから。

一連の情報の伝わり方や、表には見えないからくりに関して、私たちが一つ一つ考えて、こうだったらこうなると、俯瞰《ふかん》する力が必要ですね。

例えば、２０２０年の６月に、厚労省が「新型コロナウイルスの〝陽性者〟で入院・療養中に亡くなった方は、死因を問わず『死亡者』として全数を公表するように」と言って、それから少しずつ数字を増やしたにも関わらず、コロナ発生から１年半くらいたった時点で、亡くなった人がやっと７０００人です。

それに、インフルエンザに関連する死亡者数は、年間約１万人と推計されているのです（＊インフルエンザが直接的に引き起こす脳症や肺炎の他、２次的に起こる細菌性の肺炎や呼吸器疾患、心疾患といった持病の悪化など、間接的な影響によって死亡した人の数も含まれる）。

はせくら　コロナ以降は、インフルエンザはほとんど出ませんでしたよね。

矢作　そうですね。

それから、毎年、高齢者は大勢亡くなりますよね。

特に、風邪などから始まる感染性肺炎で、毎年9万5000人ほどが亡くなるわけです。

それと比較すると、コロナでの死亡者は、ごく少ないということになります。

つまり、たった7417人しか死んでいない（2021年2月15日現在）と分かったら、「なんだ、インフルエンザと似たようなものじゃないか。そんなに恐れるほどのものではないな」となる、それが普通の感性であるはずです（2021年9月6日現在で、1万6387人）。

もちろん、人によりしつこい病状や後遺症など生じますが。

はせくら　こんなふうに数字から考えるだけでも、恐怖や不安がすごく減るような気がしますよね。

矢作　つまり、**相対観というのがとても重要**だと思います。

例えば、「今日の東京都の新規の感染者数は○○人です」という発表がありますね。

その○○人が、多いか少ないかというのをどうやって判断するのかといえば、対比するものが必要ですよね。

けれども、それは絶対に出さないわけです。

実際、亡くなった人の数とは逆の、亡くならない人の率は、99．99%とか、それくらいの数字なのです。
99．99%は、死なないということです。

はせくら　この世界を去るという可能性は、相当に低いということになりますね。

矢作　そうです。

感染性の肺炎の数十分の1にも満たないのですから。感染者数も、毎年、多くの人がひく風邪の罹患者数に届かない。

それと、このコロナ禍で自殺者がどれだけ増えたかという話も、連動させないといけないですね。

感染する恐怖と将来への不安に押しつぶされて、自ら命を絶ってしまう方がとても多いのは、やはり偏った情報が一因となっていると考えられます。

生活に困窮している方も増えています。お金に余裕がないと病院にもかかれなくなって、助かる命も助からないということもあるでしょう。

社会全体でみても、経済が回らなくなったら大変なことになります。全部、関連していくのです。

そうした**あらゆる事象をひっくるめて把握することや、全体観を持つというのがとても大切**だと思うんですよね。

そんな考え方は決して難しいことではなく、本当に基本中の基本だと思うのですが、それをあえてしなかったり、メディアに引っ張られてしまう人たちというのは、いったいどうなっているのだろうということです。

はせくら　全体観や相対観を持つというのは、コロナ前は普通にできていたのではないかと思うのです。

例えば、組織や他者との関係性の中での自分の立ち位置とか、きちんと考えられていた。

矢作　それができていた人ができなくなっているとしたら……それは恐怖によるものだと思

いますね。

はせくら　自分も死ぬかもしれないという恐怖ですね。

矢作　あるいは、将来の不確定な問題でも恐怖心を抱くのです。人を恐怖に陥れるには、例えば、感染が一気に増えるかもしれないと煽《あお》るだけでいいわけですよね。

未来への不安から抜け出し、健全な思考をするためには？

はせくら　思い出したことがあるのですが、小学校で予防接種を受けるとき、昔はみんな下着になって待っていたんですね。

矢作　種痘などを打つときですね。

はせくら　もう、とても怖いわけですよ、あの待っているときが。下着姿で廊下に立たされるのもなんだか嫌でしたし。

自分の順番がだんだんと近くなってくると、「うわー、来る」と思いながら、怖くて怖くてしょうがない。

矢作　日常的には馴染みのない、よく理解できないことが身の上に起こるわけですからね。

はせくら　でも、痛いのは打たれているその瞬間だけなんです。

待っている間は何も起こっていないにも関わらず、怖さだけはあるというのを小学生だったあるときに気がついたのです。

「大丈夫、その瞬間、痛いだけで終わるんだ」と。

それからは、待っている間は怖くなくなったんです。

きちんと考えて、事前に恐怖や不安を持つのは無意味、むしろ、デメリットでしかないということを理解できたんですね。

矢作　今の自分が在るところだけに意識を集中させれば、先行きの不安などないはずです。だって、少なくとも今は生きているんですからね。

はせくら　やはり、生命体というのは、細胞、遺伝子の中に、「生きる」ということが最初からコーディングされていますよね。

例えば、いざ命が危険にさらされたときには生き延びようと必死になって、全知恵と体のすべての機能を働かせて、努力をするわけじゃないですか。

それはもう、自由意思の範疇《はんちゅう》を超えています。

なので、**万が一の場合は、自動的に必死になるから大丈夫、と自分を信じて、命に委ねる**。

逆にいうと、そうならない限りは、今、できることをしながら、楽しく生きていればそれでいいという気もするんです。

矢作　中今状態にならないから、将来を心配して不安を持つわけですね。

はせくら　戦後も、焼け野原になりインフラも破壊されて、お先真っ暗な状況でしたが、でも生きている、じゃあ、何ができるだろうと、生き延びるための知恵や工夫を働かせて乗り越えてきたのです。

その結果として今の私たちがいる。それは、どんな状況下でも、なんとかできる力、内在する大きなエネルギーを持っているということです。

それさえ分かっていれば、そこまで怖がらなくても生きていけると思うんですよね。

矢作　きっと、忘れてしまうのでしょう。

今、目の前で不安を煽られると、思考停止してしまうのですね。

はせくら　思考停止状態に陥らないためには、全体観、相対観を持ってきちんと俯瞰して行動するという、健全な思考の在り方を取り戻さないといけない。

矢作　そうです。最初は、一次情報（＊自身の直接の体験や、自ら行った調査や実験から得た情報）をちゃんと取れるかどうかですね。
例えば、今の時代だとPCR検査で陽性と出た人を感染者といっています。しかし、少なからず、「そもそもPCR検査は、今回のコロナにおいてスクリーニングに使っていいのですか？」という声が上がっているんですね。
精度に問題があるのではないかという意見があるのです。

はせくら　なぜそんなことが表に出ないのでしょう？

矢作　政府やオールドメディア（＊新聞・雑誌・テレビ・ラジオなど、旧来からある報道媒体）で質疑応答をしている方々が、そうした声に聞く耳を持たないからです。
そうした問題は一切ないということを前提にしているのですね。

はせくら　うーん……。

矢作　政治家はもはやしょうがないとして、最大の問題点は、多くの医療従事者がそこをはっきり認識していないということなんですね。

もちろん、認識している方も多くいらっしゃいますが、大筋としてはみんな、そこを見て見ぬふりをして進んでしまった、というところがまずいですね。

はせくら 個人の思想より、社会の共通の思考様式を大切にするのは、軍国主義のようですね。

矢作 そういう雰囲気もありますね。

もともとPCR検査というのは、キャリー・マリス先生というアメリカ合衆国の生化学者が1970年代に開発した検査法で、この方はノーベル賞まで受賞されました。

そのマリスさんが、感染症の診断にはPCR検査を使うなと言っているのです。

PCR検査というのは、どんな場所でも同じような精度で管理をすることが難しいからです。

キットの管理もそうですし、調べる側の手技（＊医療的なテクニック）もそう、あと、どこに閾値《いきち》を設定するかという問題。

なお、ＰＣＲのＣｔ値が、手技次第で、５も違ってしまうんです。５というのはここでは２の５乗倍という意味ですから、とんでもない数です。64倍ですね。
それぐらい、差が出てしまうものなんです。
そんな数値の設定さえ、実は国内でも統一されていないのが現状です。キットによっても違いが出ます。

はせくら　閾値は、一時、40より高く設定していたのが少し低くなりましたよね。

〈編集注　ＰＣＲ検査で「陽性」「陰性」を判断する基準値〈閾値〉に国際標準はない。国立感染症研究所の新型コロナの検査マニュアルでは、原則的にはＣｔ値〈ターゲット遺伝子が陽性になるまでのサイクル数〉が40以内でウイルスが検出されれば陽性とされている。基準を高く設定するとウイルスの核酸量が少なくても陽性と判断されるが、以前の日本の45は閾値としてはかなり高く、日本の陽性者が別の国では陰性と判断される可能性は高い。
イギリスのオックスフォード大学の研究チームは、ＰＣＲ検査が死んだウイルスの残骸まで検出している可能性があるとしている〉

矢作　しかも、国によってもずいぶん違います。米国では37～40、台湾では35と言われていました。

最近のさまざまな報告では、Ｃｔ値が30～34を超えると培養細胞への感染が成立しないことから、感染力をもつウイルスを検出するのはＣｔ値34までと考えられます。

こうした、一番大事な基準値がすでにおかしいということは、今はインターネットで調べればすぐに分かるんですよね。

はせくら　10分真剣に調べたら、かなり出てきますよね。

矢作　思い込みのない子どもが調べたほうが、よっぽど気が利いていると思います。

そうすれば、ＰＣＲ検査はスクリーニングには適していないというのが理解できますよ。

実際、症状がないうちにウイルスを見つけ出して宿主を隔離するというのは、理論的には分かるんですが、現実的には無理があるんです。

本当は、やはり抗原検査や抗体検査などを組み合わせ、症状を見ながら、それぞれに対処するしかないんですね。

はせくら　「無症状感染」という、新語もできましたよね。

矢作　そうですね。

結局、時間が経たない限り、本当に感染しているかどうかは分かりません。

ですから、感染しているとかしていないとかは、あくまでも思考の遊びだと私は思っています。

はせくら　思考の遊び、なるほど。

矢作　症状が出ると予想される日の2日ぐらい前までは、その可能性があると言って脅かしているんですね。

マインドコントロールを自覚することの重要性

はせくら　メディアコントロールの下で日本人が思考を停止、いわばフリーズ状態になってしまって、より本質的なものに向かう力が弱まってしまったのでしょうか?

矢作　私は、こういうふうに考えているんです。

要は、オレオレ詐欺の繰り返し版。オレオレ詐欺というのは、大変なことが起きたとびっくりさせるわけですよね。

急に何か怖いことを言われると、思考が止まってしまうことがあるでしょう。

はせくら　他にも、「あなたのクレジットカードが知らないうちに使用されています」とか。

矢作　そう。内容は何でもいいのですが、まず、人をびっくりさせることが重要なんです。

よく考えれば、オレオレと言っている男が、本当に自分の息子なのかを確認すればいいんです。

「あなたは誰？」と聞いて、「オレだよオレ、息子だよ」と言う相手に、「うちには息子が10人いるから、誰なのかちゃんと名前を名乗ってよ」と言えばいいんじゃないでしょうか。

オレオレ詐欺はだいたいその一回限りですから詐欺という呼び方になっていますが、その詐欺をずっと続けていけば、洗脳状態になるわけです。

はせくら　詐欺の繰り返しが洗脳ですか。

矢作　ええ。メディアが毎日、詐欺のような情報を流しているわけでしょう。毎日やっていると、それが洗脳に変わるわけですよね。

一回だけの情報だったら、「あれ、待てよ？」と考える余地がある。

けれども、それをずっと続けられると、考える余地もなく、洗脳されてしまうわけです。

それが、今の状態だと感じます。

「待てよ？」がないために、「よく考えたら、ＰＣＲ検査って何を測定しているの？」という疑問さえ浮かばなくなるわけですよ。

はせくら　当たり前になっているのでしょうね。

ＰＣＲ検査イコール感染者を見つけるもの、ＰＣＲ検査での陽性イコール感染者という処理になってしまうんですね。

矢作　そこに本来は飛躍があるということに、想像がまったく及ばないのです。

はせくら　ではやはり、一次情報を得るということが大切で、最初にボタンの掛け違いがないかを自発的に調べていくしかないのですね。

矢作　日本では特に、メディアが自力で海外の情報を正確に取るということがほとんどないんですね。

もともとメディアの力がないので、物事の真実を弁別する力もないんです。

ですから、海外の情報は全部、考察などなしに、右から左に流すだけですよね。

それをすべて鵜呑みにしていたら、間違いだらけの知識になってしまうわけです。

はせくら　鵜呑みということは消化できていないということですものね。常に消化不良を起こしているので、情報の精査も億劫になってしまっている。

洗脳状態が起こっているということをまずは自身で認識する、そこから始まるといいのかなと、今思いました。

矢作　洗脳って一つのテクニックなので、心ある人は、洗脳状態から自分を解き放とうと声を上げているんですけれどもね。

はせくら　マインドコントロールからですね。

矢作　一度、洗脳にかかった人には、正論を言っても解けないんです。その最たるものが、おそらくオウム真理教のようなものだと思うんですけれども。

はせくら　そこまでいくと、本当に難しいですね。

特に大本営からの発表ではなくとも、知らず知らずのうちに、ニュースで流れることに関しては疑うことすらしないような風潮があるのでしょうか？
むしろ疑うと、陰謀論支持の危ない人と思われてしまうといった恐怖心もあると思います。

矢作　もっと言うと、反社会的といわれるのではないですか。

はせくら　反社までいくと、聞こえが悪いですしね。
もともと私たちはおとなしい民族でもあるので、お上に楯突くような真似はできないとか。

矢作　そんな大それた真似は……、のようになってしまうんじゃないですかね。

分断、孤立、管理——マトリックスの世界が始まろうとしている

はせくら　けれども、一つ救いだなと思うのは、今の情報化社会において様々なメディアコ

ントロールがあるにせよ、いろんな人が自由に発信できている。

以前よりは、情報の量が増え、バラエティも豊かになっていますよね。

矢作　少なくとも、中華人民共和国のような言論統制はないので、まだ可能性はありますね。

はせくら　必要な情報を、本気になって探そうと思えば今はまだ探せるんです。
自分自身のことでいうと、ある物事を調べたいときは、日本だけではなくて海外や独立メディアの情報、ニュースなども参考にして情報をとるようにしています。

３人いる我が息子たちはどうしているかというと、やはり同じ物事に対して、いろんなソースを見るんです。少なくとも、３〜４本ぐらい。

今はネットの時代で、比較サイトもたくさんありますから、すぐに比べられるそうです。

いろんなソースを比較検討すると、そこから浮かび上がってくるものがあると。

オールドメディアではこう言っているけれども、本当はこういうことだなというのが見えてくると言っています。

また、私が重要だと思うのは、信頼のおける人からの情報です。ものすごく大事なことって、ネットを含めて、なかなか分かりやすくは出ていなかったりするじゃないですか。

物事を全体観で捉えている、そして心から信じられる友人知人を持っているかいないかということもやはり大きいです。

矢作　それは大きいですよね。

やはり究極、人の間だと思うのです。

新型コロナウイルスを仕掛けた側の作戦としては、**分断、孤立、管理**なわけじゃないですか。

やっぱり自分だけ分断されてしまうと、すごく苦しいと思います。

はせくら　今、仕事はオンライン化が進み、外に出ないことを推奨されています。

つまり、着実に分断が進みます。

分断、個別化されていることが良しとされ、当たり前であるというように世の中が進んでいますよね。

政府は、「国民が望むから政府としてもやっている」という言い訳をしますが、そうやって国民を追い込んでいるわけですよね。

確かに国民が分断、個別化、孤立化していけば、管理はしやすい、また、特定もしやすいです。

矢作　管理をすれば、あらゆる意味において動かしやすくなります。

動かしやすくなるということは、お金を引き出すのも容易になりますし、他にも様々なことが進めやすくなります。

ですから分断、孤立、管理の方向に行っているということを理解していないと、それこそマトリックスの世界になってしまうわけです。

はせくら　この分断、孤立、管理という世界の中で、やはり、私たちは今の時代を生きているという自覚を持つ必要がありますね。

矢作　そうですね。分断されれば、情報も分断されてしまいます。

特に、高齢者のように、デジタルディバイド（情報格差）のある人たちには厳しいですよね。

昔の高齢者は賢くて、情報に頼らなくてもそれぞれの経験から答えを出せていたのですが、今の高齢者には、そういったデジタル情報化社会での知恵の積み重ねがまったくないのですね。


身近な例になってしまいますが、大正生まれの私の母は、60代から目が少し不自由で、テレビを観られませんでした。

ネットももちろん見られなかったですし、そんな母がどこから情報を得ていたのか分からないのですが、不思議にその時々の情勢などを非常に的確に捉えていて、「この先、人はこういうふうに動くだろう」ということまで予見していたのです。

実によく人というものを知っていて、答えを自然に導き出せていたものです。

今の高齢者たちは恐怖が先に立ってしまって、物事の機微《きび》がまったく分からない人が多い。その20年ぐらいの差が大きいんでしょうね。

昭和生まれと大正生まれでは、生まれ年が昭和元年と大正15年であっても違いがありますね。

はせくら　そうなんですか？

矢作　そう私は感じています。

はせくら　戦後に教育された人から違いが出てきたのですね。

矢作　つまり、戦争中に成人として責任を持って動いていた人たちとは違うということを言いたいんです。

その世代の人たちは、事象や社会というものをしっかりと見ていた。それは、大本営発表も含めてです。

だから私は、大正生まれは偉大だと思っています。

しかし、その後の人たちというのは、そういう感性がスポイルされてしまっているので、デジタルディバイドになってしまったらもうアウトですよね。

何というか、狭間に落っこちてしまった世代のような感じですよ。

はせくら　現代の高齢者には、デジタルディバイドであるということの認識すらないと思います。

矢作　ないでしょうね。

はせくら　メディアリテラシーという考え方すら理解できなければ、それはもう与えられた情報にただ翻弄されるだけですね。

そして、そうした人は、若い世代にもいますね。

矢作　いっしょですね。

はせくら　私は今、二つの世界が存在している気がするのです。

一つは、オールドメディア中心で動いている世界。

もう一つは、いろいろな情報の真意を問い、「本当はどうなのだろうか？」と思考しながら進む世界。

同じ空間でも、全く違う認識の世界が重なり合いながら共生していると感じます。

矢作　だから、両極端になってしまっていますね。

はせくら　例えば、マスクやワクチンに対する考え方とか。

矢作　行動制限とかね。

はせくら　いろんな現象として、如実に現れてくることが非常に面白いと思います。

矢作　そうですね。俯瞰して見れば、こんな集団ヒステリーという現象をリアルで見られるというのは、なかなかありませんから。

はせくら　矢作語録がすごいですね。オレオレ詐欺から始まり、集団ヒステリーまで来てしまった（笑）。

矢作　まさに、洗脳心身症ですね。

心身症というのは、心を病んで体に症状が現れる、あるいは逆に、痛みなどの体の症状が続くことによって心を病むということをいいます。

それに洗脳が加わって、現状が出来上がっているのです。

科学的証明にふりまわされない

はせくら　洗脳心身症、新しい用語ですね。

そういえば私は以前、心身症になったことがあるんです。

二人目の子どもを出産してから、とにかく一所懸命、一人で頑張っていたのです。

一人目の子育てのときは、初出産ということでみんな大事にしてくれますから家事、育児もこなせたのですが、二人目のときには、サポートがないのです。

矢作　孤立してしまったのですね。

はせくら　サポートがなくても、自分だけはしっかりしなくちゃというプレッシャーだけは大きかった。

そして体も休めないまま、とにかくちゃんと子育てをしようと頑張るわけです。

そうしたらある日、それは二人目の子の一ヶ月検診の日だったのですが、突然体が動かなくなってしまった。心臓がバクバクして、本当に起きられなくなってしまったんですね。

そのうち呼吸が苦しくなってきて……過呼吸状態だったと思います。

袋に息を吐いて落ち着ければよかったのですが、当時は知識がなくて、そのまま救急車で運ばれてしまいました。

矢作　それは大変でしたね。

はせくら　そのときに、心身症という言葉を初めて知りました。私はそれまでずっと、精神力が強いと思っていたのでびっくりしました。今思えば、心と体の不具合だった。頭ではこうしようと思っていても、それに体がついていかなかったんですね。

矢作　体の声を聞いていないと、無理してしまいますものね。

はせくら　そう、体の声に耳を傾けるべきでした。私はハイリスク妊婦だったので、体もまだ回復していない状態でした。バタバタと布団をあげていたところ、ふいにふらつきまして、「あら、何かおかしいな」と思ったら、息ができなくなったのです。やはり、心と体は密接に関わり合っているのですね。実際、体が元の状態まで治るのに、３ヶ月はかかったのでまたびっくりしました。

矢作　心身症について知らないと、ある程度、症状が進むまで気づかないですよね。

今の状況も、世間が集団ヒステリーになっているという認識があれば、「あれ、待てよ」と立ち止まることができますが、その中にどっぷり浸かってしまうと客観視できなくなるので、それが当たり前になってしまうわけです。

はせくら　先ほどの相対観、全体観と繋がるんですが、**客観視できるということは、今のこの世の中で、ものすごく大事な要素**だと思います。

矢作　そうですね。科学の最大の問題の一つは、あることについて仮説を立てて検証をして、これが正しいとなると、そればかりが拡大されてしまうことです。

その検証の土俵が、とても狭いものかもしれないのに、近視眼的になってしまう。

だから、本当はさらに**空間的にも時間的にも広げた視点で、いろいろと考えないといけないですね。**

けれども、物事の一側面の、さらに一部だけを引っ張ってきて、それがすべてに対しての答えとしてしまうところに問題があります。

例えばマスク。

もともとは、２００９年に新型インフルが流行ったときに、「咳エチケットのために、マスクをつけましょう」ということだったのです。

インフルの症状として咳が出ている人は、不織布マスクをすることで、少しでも感染を防げるという、それだけのためだったんですね。

そもそも不織布やガーゼ製などの普通のマスクは、空気感染にはまったく効果がないのです。

けれども、感染をほんの少しでもやわらげるという検証があったことから、「では、新型コロナウイルスにも、咳エチケットとして使いましょう」ということになりました。

では、そのほんのささいな効果のためにマスクが推奨された結果、どうなると思いますか？

街ゆく人すべてがマスクをしている状況を見たときの不安、そこからくる情緒障害、さらに子どものコミュニケーション障害、そういった不利益なことが様々に起こるわけじゃないですか。

はせくら　酸素不足もありますね。

矢作　そういった身体的なことももちろんあります。

そうした不都合に関する比較検討はないわけです。

時間的にいえば、例えば最初の1年というスパンで見たら、ほんの少し、1％以下であってもいい結果がもたらされたかもしれないです。

しかし、10年経ったときに、マイナスがどれだけになりますかということです。

気がついたら会社や飲食店がたくさん潰れていて、自殺者がものすごく増えて、みんなの心が非常に内向きになっているとか。

はせくら　脳の認知機能にも影響があるといわれていますよね。

矢作　そういう意味で、現代の科学というのは、非常に小さな土俵の上で、近視眼的に問題を解決しているつもりになっているだけなのです。

もともとの土俵の広さから判断できる、確からしさというのは検証していないわけです。

それを言っている人もいるのですが、誰も耳を傾けないのですね。

それに問題なのは、「科学とは何か」ということが、科学者も含めて理解されていないということです。

はせくら　そもそも、科学というのはエビデンスや再現性があっての学問ですよね。

矢作　そこが大事なのですが、昨今いわれている科学は、ほとんどの場合、正しく科学的ではないのです。

例えば、コミュニケーションひとつ取っても、科学的に検証して行っているわけではないですよね。

「僕はあなたを好きですよ」とかを検証するわけじゃないですから。

そういうことで、世間というのは成り立っているのです。

科学で証明できることというのは、ごくごく一部です。

今、キリスト教を信じている人が世界中に19億人いるのですが、私は科学主義信仰者はもっと多いと思っています。

はせくら　私も、今、最大に信仰されているのは科学という宗教、もっというとお金という宗教だと思っています。

科学万能主義があり、それを拡大解釈することが信仰として極まってきているのが、今だという気がするんです。

矢作　結局、洗脳のベースを要因分解すれば、要素の一つが科学ということになるんです。科学というものを理解していない人が科学的にやろうとするから、矛盾が起きたり、おかしな方向に進んだりするわけです。

はせくら　時代というものには、時間経過と呼ばれているこの時間軸と、空間軸がありますね。

それらも含めてきちんと見ていかなければ、今起こっている様々な出来事に対処していくことができません。

未来における幸せや喜び、人間の健全な活動を願って今があるのなら、そして本来の科学をもって対処していくのならば、広い視点で比較検証しなければならない。

そうでなければ、本末転倒にさえなってしまうことが、もはや明らかですよね。

日本人がウイルスに強い要因とは？

はせくら　では、もし私たちが洗脳状態にあるのなら、そこから解放されてまた蘇っていく、つまり再構築、再スタートするためのヒントがあれば、お伺いしたいと思います。

矢作　いわゆる洗脳の場合は、その深さによって目覚めさせる方法が違ってきます。

例えば、一番深いところまで洗脳されてしまうと、洗脳を解くためのキューが必要になるのです。

諜報機関が行う洗脳にはレベルがあって、たしか6層ぐらいまであったと思いますが、一番深い層にまで洗脳した場合は、キューを投げかけない限り解けないのだそうです。

はせくら　苫米地英人《とまべちひでと》博士が元オウム信者に行っていた、洗脳を解くような何かですかね。

矢作　そうかもしれません。

今回の場合、キューが何かを知ることが難しいので、ショック療法がいいだろうと私は思っていますね。

これから、新型コロナウイルスどころではないことが起こる可能性があります。

例えば、米中戦ひとつとっても、現実に勃発すれば、新型コロナウイルスどころではなくなるでしょう。国内では南海トラフ、それもショック療法になりますよね。

はせくら　もちろんなりますけれども、それは避けたいですね。

矢作　そういうことが起こると、ショックの桁が違うじゃないですか。

そこで目が覚めるんじゃないでしょうか。むしろ覚めざるを得ないというか、コロナへの不安なんてどこかに吹っ飛んでしまうわけですね。

はせくら　なるほど。ではワクチンについてはどう捉えたらよいのでしょう？

矢作　まだ救われると思うのは、全員に強制はしていないというところです。

はせくら　そうですね。厚労省のホームページには、「接種を受けることは強制ではありません。しっかり情報提供を行ったうえで、接種を受ける方の同意がある場合に限り接種が行われます」と明記されていますね。

矢作　但し書きがついていますよね。

ただ、国によってはそうはならないところもあります。日本は良くも悪くも中途半端になりやすい傾向があるのですね。

はせくら　そこもまた、日本らしい気もしますが。良い意味で。

矢作　日本は玉虫、ファジーともいいますか。

極端に振り切れる前に、やんわりと止まってしまうのですね。

はせくら　いつも即決することはなく、迷って曖昧にしているうちに成る。

明治維新のときも、本当に黒船が来ちゃったから仕方がないみたいな感じで開国をしましたね。

矢作　ワクチンについては、買付けさえすれば売っている側は目的を達するので、そこまでの圧力はないでしょう。

日本人の感染者は世界的にみると圧倒的に少ないですし。

はせくら　日本人がコロナに強いことの要因は、保江邦夫先生との対談本でもお話ししました（『宇宙を味方につけるこころの神秘と量子のちから』明窓出版）。

その要因をファクターXというのですが、それは麹《こうじ》ではないかという話になったのです。日本人は、味噌や醤油、納豆など、なにかと発酵食品を摂取しますからね。

矢作　そうですね。そうした食品も免疫力を上げますし、欧米人よりこのウイルスにやられにくい体質なのかもしれません。

ですから、巷間で言われている、殺人ワクチンで口減らしをするという目的があったとしても、彼らが思うほどにはならないと思うんですよね。

ワクチンは、日本においては非常に無理があります。

繰り返しになりますが、発症する人は全体から見れば稀《まれ》じゃないですか。

加えて、今までのワクチン接種で人体に注入するのは、ウイルスそのものです。とはいってもウイルスを弱毒化した生ワクチンや不活性化したワクチン、あるいはタンパク質のみの組み換えタンパクワクチンなので、発症することは多くはないでしょう。

それによって、ウイルスが感染したような細胞が作られると、体内を巡回している免疫細胞がそこで、細胞を排除しようとする自然免疫と、抗体を作る獲得免疫の両方向で作用します。

つまり体内が、ウイルス感染に備えた臨戦態勢となるのです。

しかし、世界ではワクチン実験により、不妊症やポリオ（急性灰白髄炎・小児麻痺）、自閉症などの疾患や、深刻な副作用が引き起こされたことが報告されています。

日本でも、今回のワクチン接種後に亡くなっている方が８月８日の時点で１０００人を超え、ワクチンを打ったことによる死亡とは断定できないとしても、その可能性は大きいと思われます。

１万人のうち９９９９人は死亡しない新型コロナウイルスに対して、ワクチンは、１万人に打てば１万人すべての人体に確実に影響を及ぼすわけです。

はせくら　１万人全員にですか？

矢作　はい。だって、今回のワクチンは治験段階で、ウイルスのトゲトゲ蛋白を作る遺伝情報（核酸）そのものを体内に入れてしまうのですから。それを推奨するほうもどうかと思うのですが、素直に受け入れる方が圧倒的に多いというところが不思議ですよね。

はせくら 日本人は素直さが取り柄の民族でもありますから。

矢作 例えば、「インフルエンザのように、少なくとも1000万人はかかります」ということであれば全員にワクチンを打とうというのも分かりますが、実際は感染して重症化するのは、本当に稀なものです。

新型コロナウイルスは大方の人には関係のないものなのにも関わらず、確実に体に作用するワクチンを打ち込もうという発想が不思議ですよね。

日本赤十字も、接種が始まった当初はワクチンを打った人の献血は受け入れないと発表していました。現在は、「一回目、二回目いずれの場合も、接種後48時間を経過していれば、献血にご協力いただくことが可能」とうたわれています。

はせくら そうなのですか？

矢作　当初は、B型肝炎やC型肝炎にかかった人と同じ扱いでした。

やはり、ワクチンを皆に打つということの意味を、よく考えないといけないかと思います。

今度のワクチンは特に、ウイルスの遺伝情報そのものを打ってしまうわけですから。

厚労省のホームページの「新型コロナワクチンQ&A」を見れば、このワクチンは、「ウイルスの（表面の）タンパク質をつくるもとになる遺伝情報の一部を注射します」と書いてあります。そのタンパク質がスパイク（＊ウイルスのトゲトゲの部分）にあたるのですね。

厚労省のホームページ「新型コロナワクチンの有効性・安全性について」の「ワクチンごとの情報」の「ファイザー社の新型コロナワクチン」「武田／モデルナ社の新型コロナワクチン」に、「メッセンジャーRNAです」とはっきり書いてあります。

はせくら　書いてありましたね。
ファイザーについてですが、成分も出ていましたね。

矢作　水銀も含めて、様々なものが混じっていました。

はせくら　水銀って、毒性があるのでは……⁉

矢作　だから不思議なんですよね。思考停止しているんでしょう、おそらく。地頭が良くても良くなくても、そもそも考えなければ関係ないですからね。思考がピッと止まってしまって、ワクチンを打てと言われたら、考えもせずに動くわけでしょう。

はせくら　考えもせずに、って……。日本人て、そんなに思考しない民族でしたか？

矢作　やはり、洗脳には弱いということですね。戦後にＧＨＱが行った洗脳に、見事にかかってしまいました。今に至る70年余り、この洗脳が解けていないんですよ。

未だに自分の体を痛めつけるような教育をしている。

はせくら　でも、逆にいえば１００年も経ってはいないわけですよね。

長い歴史から見たら、そこまで長いとは思えない期間なのに、解けないものなのでしょうか？

矢作　本来だったら自分たちで普通に戻せるはずなのに、親や学校の教育が、洗脳を存続させてしまっていますから。

はせくら　教育という名の再生産システムが完成されたことの結果である、ということですね。となると、教育システムの中でそうなってきたということを、まずは自覚する必要がありますね。

矢作　そうですね、まずは自覚ですね。

「今日の常識は明日の非常識」

はせくら　そして、新型コロナウイルスにしろ、私たちの歴史認識にしろ、社会の在り方やそのシステムが、どのように変わってきたかを調べたほうがいいですね。

今は、それを調べる本も山ほどありますし、ネット情報も簡単に入手できますから、気持ちさえあればいくらでも知ることができますものね。

どんどん変遷してきたプロセスを知れば、だんだんと、「いつのまにか思考を停止させられていたんだな」と自覚ができ、現状を把握できるようになるでしょう。

例えば、私は以前、札幌医大で働いておりまして、ちょっと調子が悪いと言うとすぐに先生がお薬をくださっていたんですよね。

当時の私にとってはとてもありがたくて、喜んで飲んでいたのです。

どっぷりと西洋医学に浸かっていたので、栄養の捉え方も、もちろん西洋の栄養学です。

一日30品目を目安に、バランスよく摂らなくてはいけないと信じ込んでいました。

矢作　いわゆる、刷り込みですよね。

はせくら　はい。結婚して子どもが生まれてからは、本当に真面目に1日30品目の表の通りに料理を作っていたんです。

例えば、赤色の食べ物は健康維持や酸化防止などの効果があるということで、夏でも冬でもトマトを食べるなどということを愚直にやっていました。本当ならトマトは、体を冷やす作用があるので、冬には向かないのに。

そして、初めての子どもが未熟児で生まれたのです。

へその緒が首に二巻きしており、ぐったりした状態で生まれたとき、「あれ？　人間を産んだはずだったのに、なんで体がビール瓶みたいな色をしてあまり動かないんだろう？」と思いました。

体重が2キログラムもないと告げられ、生まれてすぐに、自分の腕で抱くこともないまま大きな病院に連れて行かれて、1ヶ月間の長きにわたって入院になりました。

その間、子どもはあまりきちんと診てもらえなかったのかもしれません。痔ろうになって帰ってきました。そこから1年間は、私の指を使って便を出してあげないと、命が危なくなるという状態だったのです。

産後の疲れと育児の大変さでフラフラしながらも、なんとか一日30品目を目標に、食事作りをしていました。

というのは、そうしないと子どもの命綱である母乳に、差しさわりがあると思っていたからです。

離乳食が始まってからは、さらに頑張ったんですね。

けれども、子どもは、食べることすらままならなかったんです。どんなに頑張って作っても、ヨレヨレのお札が自動販売機から戻って出てくるがごとく（笑）、舌の上に乗せて口から吐き出してしまいます。

あまりにらちが明かないので調べてもらったら、鉄分が普通の子の半分以下だったことが分かり、結局、食べるための体力すらなかったということが判明しました。

やがて、1歳になる頃には、あまりに病弱ということで免疫不全を疑われ、家族の三代の免疫情報を調べることになったのです。

矢作　遺伝を調べるほうに行ってしまったわけですね。

はせくら　そうです。けれども、特に問題になるようなことはありませんでした。それで、「これは自分の努力が足りないせいだ」と罪悪感と後悔に苛《さいな》まれていたのが、最初の子育て時代でした。

あまりに多くの病気にかかりすぎて、子どもは保険にも入れなかったんです。

矢作　ハイリスクだからですね。

はせくら　そうなんです。

当時は大阪にいたんですが、口の悪い保険屋さんに、「これは保険には入れられないね。長くは生きられないわ」とさらりと言われたときは、たくさん泣きましたね。他人にはそこまでひどく見えるのかと思って。


けれども、1歳半くらいになった頃、初めて玄米菜食と出会うわけです。

衝撃を受けました。

今まで縛られていた30品目という考え方は、そこにはまるでなかったのです。

私たちは生命体の一部であるので、命のリズムの中で、冬は体を温めるもの、そして夏は体を冷やすものを摂るという。

その中で、命が喜ぶ食を続けていけばいいのだということでした。


それを実行した3ヶ月後、青びょうたんのようだった生気のない顔から、ポッと頬に赤みのさした、子どもらしい顔に変わったんです。

その顔を見て、しみじみ人は、自然の一部としてあるんだなと思いました。

そして、一日30品目という呪縛からも解放され、自然のリズムに沿った玄米中心の食生活を始めたことで、家族全員が元気になったのです。

矢作　いわゆる常識に囚われていたということですね。

はせくら　常識を疑い始めたきっかけでしたね。

矢作　**「今日の常識は明日の非常識」**になっていることもよくありますからね。

はせくら　アインシュタインも、常識とは18歳までに身につけた偏見のコレクションだとも言っていましたものね。

矢作　常識というのは、あくまでも目安でしかないということです。

はせくら　今から30年以上前の話ですが、私にとっては衝撃的な出来事でした。
　かつての勤務先だった医大でいわれているような定説だけが絶対だと信じて疑わなかった世界から、それだけではない、さらに大きな世界に生かされていることを体感的に知ってしまったのです。

その先にあるのが、「命とは何だろう?」ということが文字通り、命題となったのです。

すると、あらゆることがひっくり返ってきました。

つまり、なぜ、命はあるのか、意識とは何か、心とは何かを考えざるを得なくなったのです。

このプロセスを経て、霊的《スピリチュアル》な世界にも関心が向くようになりました。

常識を疑い、より真摯に、命を肥やす生き方とはどんなものなのかを探究することで、現実の捉え方まで変わってしまったのです。

私の場合は、子どもを通して教わりました。

矢作　子どもは大切ですよね、そういう意味でも。

メタモルフォーシスを体感する変革の時代

はせくら　子どもって、全身で教えてくれますでしょう。
例えば、学童期に入ると、学校にいけない子どもたちも増えておりますが、そこに関しては先生はどう考えておられますか？

矢作　一言で言うと、今の常識に合わない子が増えたというだけの話だと思うんです。常識というのが正しいわけではない。
適応障害や学習障害、あるいはＡＤＨＤ（注意欠如・多動症）など、様々なレッテルを貼られていますが、実際は地球バージョンの常識が窮屈だということなんじゃないですかね。

はせくら　様々な管理がある地球バージョンの常識を正しいとする考え方に、沿えないということですね。

矢作　そこに違和感を持っているのが、そうした子どもたちなのではないでしょうか。

はせくら　それはありえますよね。

矢作　そんな子どもが増えているという現象が、そっくりそのまま、向こう側からの警告なわけですよね。

はせくら　向こう側というと？

矢作　天からということです。

はせくら　学校に行けない子どもたちや、何かがおかしいと思っている子どもたち。また、その子どもに寄り添おうとすることで社会に違和感を覚えている大人がすごく増えています。そういう人たちというのは、**天の目から見れば、目覚めた側**ということですよね。

矢作　そうですね。目覚めた側という表現は合っていると思います。

はせくら　目覚めた側にいるということは、新しい高次の地球を作る際の、大事な要因になるということですね。

オセロで白と黒がひっくり返るように、コロンと変わってしまう。

矢作　世の中がどういうふうに変わるのかを心配される方がよくいらっしゃいますが、ちょうどオセロ原理といっしょで、ある一定数のコマが増えて必要な箇所を押さえられれば、パカッとひっくり返ると思っています。

はせくら　やはり、四隅を取らないとダメですね。

ここでいう四隅とは、常識に囚われず真理を見抜こうという意識でしょうか。

矢作　そうですね。

また、私は「みんなを底上げする」という概念は、方向としてはちょっと違うと思っています。「上がれる人だけ上がればいい」と思っているんですね。

そしてそれが、ある一定数に到達すれば全体も変わると思います。

はせくら 日和見菌（＊腸内菌の三種類の一つ。特に良い働きもしないが、悪い働きもしない細菌で、善玉菌が多いときはおとなしく、悪玉菌が増えると有害な作用を及ぼすことがある）的な働きですか？

矢作 そうです。無理に全体に力をかけるのではなく、篩《ふるい》をかけたときに浮いてくるものだけを引き上げるという。

はせくら 各々の振動数、思考体系、信念によって、粗さや重さというのはありますよね。バイブレーションの違いといいますか。

高いからいい、低いからダメといった縦軸の概念ではなく、それぞれが持っている固有の振動に伴った層のような。

人は、**置かれている場所で精一杯努力していくことで、全体から見ればそこが光っているような状況になる**ものです。

オセロでいえば、そういう人たちが要所要所にいることによって、ガラリと変わっていくのでしょう。

さなぎから蝶になるときに、それを実現させる細胞のことを、成虫細胞というんですね。

矢作　**メタモルフォーシス**のときですね。

はせくら　英語では、イマジナル・セルというらしいです。そのイマジナル・セルがすでに発動しているというのでしょうか、そんな、次の世界を見通せる人たちが子どもたちの中に多く生まれていて、そのことに気づいた大人たちと共に、新しい時代を切り開いていく。

今はまさに、そのプロセスのまっただ中ではないかと捉えています。

矢作　私もそう思います。

はせくら　こう考えたら、ちょっと嬉しくなりますよね。

矢作　こんな変革の時期を体験させてもらっているというのは、ありがたいですね。

はせくら　令和を迎えて、いよいよ変革の時期になりましたものね。この令和時代は、どんなふうになっていくと思われますか？

矢作　一つは、何でも明らかになってしまうということでしょうね。つまり、隠せなくなってしまうという意味ですが。

はせくら　隠し事ができなくなるということから始まり、その物事の容態が、いいも悪いも裸で出てくるということですね。

矢作　これからも、いろんなことがあるんじゃないでしょうか。例えば、高次元を意識すれば、すぐに宇宙船が出てきたりね。

はせくら　ETV（EXTRA TERRESTRIAL VEHICLE　地球外の乗り物）、UFOですか？
宇宙軍もありますが、やっと彼らも出てきてくれるのでしょうか？

矢作　昔よりは遠慮なく出てくれそうな気がしますね。

はせくら　そうですね。

昭和では、その言葉を言うだけで怪しいこと、オカルティックと思われていましたよね。

平成になると、ちょっと変わってきた感じはありましたが、まだまだ茶化されるような雰囲気がありました。

令和になると、今度は逆に、「まるっきりそんなことは信じないよ」と言う人のほうがむしろ、「なんでそんなに古い認識なの」となってきました。

こんなふうに、**認識自体がアップデートされていく**んですね。

矢作　だって、出ちゃったらしょうがないですからね。

はせくら　ETVも意識体ですから、出てくる時期というのがありますよね。先生もご覧になりますか？

矢作　私はよく見ます。

はせくら　中に入られたとか⁉

矢作　それはないですが。

はせくら　この広い宇宙の中で、地球人種だけが宇宙に存在していると思うこと自体が非科学的ですよね。

矢作　そうですね。だって、普通に考えてこの環境は他の星にもいくらでもあるわけです。もっといえば、進化論を未だに信じている人がいるかどうかは知りませんが……。

はせくら　一応、学校ではまだダーウィンの理論を教えています。

矢作　もともと、進化論を最初に考えたのはアルフレッド・ウォリスという人だったのですが、霊力が出てきてしまって、進化論は間違いだったと分かったのです。

そこで、ダーウィンが自論にしてしまったわけです。

だいたい、46億年でこのような変化があったと信じられること自体が不思議ですよね。

はせくら　そうした壮大な間違いについて疑念を持つような感覚自体が、むしろ重要だと思うんですね。

矢作　はい。**何でも鵜呑みにせず、いったん自身で考えてみる**、という姿勢が大事ですね。

宇宙はマルチバース――私たちは可能性の量子スープに浸されている

はせくら　私自身はずっと、「地球人とも呼ばれる宇宙存在」という意識なんです。

宇宙人を地球の外の人として考えるのではなく、私も地球人種という宇宙人である、もっというと、この銀河系のDNAを有している、**銀河系種の中の地球人種**という認識なんですね。

日本人とアメリカ人くらいな感覚で、地球人と違う星系の人というように捉えています。

そして、地球以外にいる生命体について、私たちの認識がだんだんと深まることによって、この宇宙に対する認識も変わってくるのが、この令和という時代ではないかと思っています。

矢作　おそらく、異星にいた過去世を思い出す人も増えてきているのではないでしょうか。

今回はたまたま地球服であるこの肉体を着ているけれども、魂としては、いろんな星の記憶を有しているのですよね。

そして今このときも、他の星に存在する、幾人《いくにん》もの自分がいます。

はせくら　**マルチセルフ**、多次元体の自己ですね。

宇宙って一つじゃないですから、ユニ（単一の）バース（詩）にはならない。

矢作　**マルチバース**ですね、本当は。

はせくら　まさしく！

今、認識している自己の他に、違うところで多次元の自己として活動しているもう一人の自己――パラレルセルフがいて、同時多発的に活動してはいるのですが、意識のチャンネルが、今、ここにある自己を選んでいるのだと捉えています。

とはいっても、意識は自由自在なので、たった今、私たちは多くの可能性の中の量子スープの中に浸されているのだと認識しています。

矢作　そう考えたら、この狭いところに縛られる必要はないですね。

はせくら　心は自由ですものね。

私にも昔から、マルチボディー的な捉え方がありました。

「自分」というコアは同じなので、その意識の中心をどこに持っていくかで現れ方も変わりますし、あるいは多次元として存在している自分の一部から情報をダウンロードすることによって、新しい知見を得ることができるのです。

特に、科学的な考察は、そこからのものが多いです。

もちろん、そうした力は、人であれば誰もが持っているものです。

ただ、多次元的なものの見方に気づき、そこを生き始めることで、物事の捉え方や、現実を創り出す力が、従来の直線的時空間の考え方からガラリと変わってしまうのです。

矢作　本当にそうですね。

はせくら　そうなったら、ＵＦＯが存在するとかしないとかいう次元ではなくなります。

本当に、この令和というのは、可能性が広がる時代です。

人間の意識と活動領域の幅が広がるという意味で、とても面白い時代だと思っています。

矢作　意識の壁という障壁も含めて、今までかぶさっていた覆《おお》いが取り払われて、ビューッと意識が伸びていくように見えます。

はせくら　意識というのは、今、医学的にはどういうふうに捉えられていますか？

矢作　今の医学では、意識は脳神経の活動と捉えられています。

例えると、パソコンが個体で動いている活動状況のことを意識といっているんです、不思議なことに。

はせくら　電源は？

矢作　そういうことは一切考えずに、パソコンが自律的に動くということになっているのです。それが意識だと錯覚しているのですね。

パソコンも本来は、電源からくるエネルギーも必要だし、操作する人が必要でしょう。

つまり、勝手に動くものじゃないですよね。

例えばAI（人工知能）は、それを作った人あってのAIなのに、創作者もなしにいきなりAIが出現したような感覚ですね。

今の西洋医学では、そこは度外視されているのです。

はせくら　意識は、初めからあるというのが前提なんですね。

矢作　生まれてきて、脳を含めた体が育つ中で、盛んに活動が行われる、それを意識と理解しているんですよね。

はせくら　ということはその意識は、この生命体の活動の終焉とともに消滅する、ということですよね。

矢作　もちろん、そうです。脳が意識の源だと錯覚しているんですからね。脳の活動が止まれば、意識もなくなるという。

だから、脳科学という科学分野があるのです。

はせくら　意識は、脳によって作られているということですね。

矢作　脳の活動が意識だと思っているわけです。

その発想では、臨死体験や、千里眼、明晰夢などの肉体を離れたときに見ているものや、目という器官ではないところで見えるものの理解はできないですよね。

はせくら　臨死体験や千里眼については、どんな認識になるのでしょうか？

矢作　そんなものはないということになっているんです。

はせくら　でも、本人の中ではいたってリアルなんですよね。

矢作　そこは関係ないんです。それが、科学の本質と言ってもいいでしょう。誤りやすい本質を持っている。科学というのは、見たいものしか見ないのです。

一度仮説を立てたら、その仮説の外は見ないわけですから。

はせくら　見たいものしか見ないというのは、あまりにも非科学的じゃないですか。

矢作　科学的な科学というのはあまりないんですね。

はせくら　科学は客観論理の権化のように言われていますが、実は超主観的だった⁉

矢作　なぜかと言うと、人間自身が科学的思考にそぐわないからなんです。人間の頭はそれほど良くないから、科学をもって真理を理解しようとします。

例えば、量子論、超弦理論でもいいのですが、そうした理論を本当に理解できる人は、この地上に数えるほどしかいないわけですね。

それは、大きなものが切れる包丁をせっかく持っていても、大きいものを切るための技術がないまま、ただ包丁を手にしているようなものです。

「人間は進化した」と信じている人たちもいるようですが、実際は、科学が行き着くところを想像できないし、理解できないまま、ただ途中にぶら下がっているような状態なのですね。最低でも、「分からない」という「**無知の知**」があればいいのですが、多くの科学者を含めて、人々にはそれがないように思います。

はせくら　けれども今、ＡＩの開発をするにあたり、やはりこの意識とはなんぞやというところが分からなければ、行き詰まってしまいませんか？

矢作　結局は、作る側の意識レベルがボトルネックになってしまうと思います。

はせくら　作る側の意識レベルに合ったものまでしかできないということですね。

矢作　つまり、鳶《とび》が鷹《たか》を生むようなことは起こらないのです。

はせくら　鳶の子どもはやっぱり鳶なんですね。

矢作　そう思いますね。

その中での、ＡＩの良い点もあります。各民族の文化的な違いを超えられるということ。

例えば、人間同士の場合はどうしても感情が入ってしまいますよね。

ところがＡＩの場合、最初の設計思想にもよりますが、共通言語で動き出せれば、国や民族、言語、宗教といった違いを超えることができるのではないかと思います。

はせくら　共通言語ですか。

エスペラント（＊ルドヴィコ・ザメンホフと協力者たちが考案した人工言語。母語の異なる人々の間での意思伝達を目的とする）のような言語でしょうか？

矢作　人工的というならば、エスペラントというよりはコンピューターの機械語でしょうか。

ただ、それだと限界があります。

言葉の持つ途轍《とてつ》もないエネルギー、つまり次元を超えたものをそこに盛り込むことができるのかという問題がありますね。
　ですからAIというのは、作る人のレベルで決まってしまうと思います。

澄めば澄むほど　栄えたり——縄文のDNAを発動させる

はせくら　UFOはたいがい、意識によって動く人工知能を搭載しています。
　ですから、人工知能が出てきたことによって、やっと地球科学も、宇宙科学における最初の一歩を歩み出したと思いたいのですが……。

矢作　今現在、例えば、アメリカやロシアが持っている宇宙船は、心で飛ばすと聞いています。
　地球人より進んでいる宇宙人は、心が非常に澄んでいるから自由に飛ばせるようですが、残念ながら、地球人レベルではなかなか操縦が難しいようですね。

はせくら　自我の振動波によるんですよね。
　今おっしゃった、心が澄んでいる、すなわち**心の純度**というものが、現実の認識と変容を動かしていく、つまりマニュピュレート（操縦）するということに、実は大きく関わっています。

そのことを、私たちはこの令和の時代に、気づく必要があると思うんです。

矢作　例えば、アボリジニの人たちは今でも、普段はテレパシーで会話をしていて、お祭りのときしか言葉を使わないというじゃないですか。

「それはどうしたらできますか？」と西洋人が聞いたとき、

「とっても簡単です。ただし、二つのことだけ、ちゃんと守ってくださいね」と言われたそうです。

一つは、**エゴをなくすこと**。もう一つは、**嘘をつかないこと**です。

ちなみに、嘘をつかないというのは、縄文人がそうでしたよね。

はせくら　期待大じゃないですか。

矢作　我々の肉体に、何パーセントかでも、そういう素質、つまり縄文人の血が流れている

わけですよね。

それがあると確信して思い出すことさえできれば、発動するのではないでしょうか。

はせくら　そうですね。縄文人の血がＤＮＡの中にセットされていますから。
私もいろいろと霊的な修行をさせられましたが、先ほどのエゴをなくすということがとても大事と教わりましたので、少しお話ししますね。

まず、ポイントはエゴの比率を下げていくことのようです。

エゴ（エゴセルフ・自我）は、生きていく上では必要な要素ですが、ありすぎるエゴは、さまざまな不調和を引き起こします。

意識をざっくり二つに分けると、本当の自分、あるいはハイヤーセルフ（高次の自己）、良心、真心、真我と呼ばれる自らの本質的な部分と、エゴセルフ（自我・偽我・エゴ）と呼ばれる表面上の自己の部分の二者に分けることができます。

普段の暮らしの中では、それをあえて数値化すると、エゴセルフが7割弱、ハイヤーセルフは3割強ぐらいの方が多いように見受けられます。

そこから、意識を変えていって、利他的で「愛」と共に生きる生き方——つまり、霊性を磨く生き方をすることによって、その比率が逆転してしまうんです。

一見、難しそうに見えるのですが、全然そんなことはなく、自らの良心や真心に従って生きようとし、なるべく言行一致であるよう努めると、割と簡単に逆転してしまうんですね。

そうしてハイヤーセルフ7割、エゴセルフ3割ぐらいになると、バイオフォトン（＊生物が放射する自発的な発光）がどんどん出るようになり、純度が高くなっていき、シンクロニシティが非常に多くなります。

どんどんその純度を高めて3％までなれば、テレポーテーションも可能になってきます。

それから、言霊学から紐解いた、神様の設計図とも呼べるものがあります。

より素晴らしい世の中を表していくためのヒントとなるかもしれませんので、ご紹介させていただきますね。

矢作　よろしくお願いします。

はせくら　はい。まず、言霊学の世界には、母音と父韻というのがありまして、母音は、アイウエオの五音、そして父韻とは、ア行の中の「イ」から、ワ行の中の「ヰ」へと至る、イ列の８音を指します。

言霊でいうと、「チ・イ・キ・ミ・シ・リ・ヒ・ニ」（この中の「イ」はヤ行）です。

実は、言霊一つひとつに重層的な意味があるのですが、とりわけ、この八つの言霊は大切です。というのは、いかにして「見えないもの」が「見えるもの」へとなるか、つまり、エネルギーが物質へと変化していくかの、理想的な在り方を示すものでもあるからです。

詳しく解説するとそれだけで膨大になってしまうので、簡単に結論からお伝えすると、八つの言霊が指し示す理想的な在り方は、四行の詩として表すことができます。

「澄めば澄むほど　栄えたり
想ひ立ちたり　満ちたれり
気は身となりて　叶ひたり
ひかり満ちたり　むすびたり」

一行目は、純度が増せば増すほど、栄えていくという意味。言霊は、シとリ。

二行目は、初発の想い（志や情熱など）を抱き続けていくという意味。言霊はチとイ。

三行目は、エネルギー（精神・心）が物質となることで、世界が現れるという意味。言霊はキとミ。

四行目は、外も内も満たされて、充実熟成していくことで、世界がひらけるという意味。言霊はヒとニ。


こうして、**心の純度を高め、志を抱いて、高き想いのまま物質化を果たし、光に満ちて、素晴らしい世界を創造してください**、というのが神様の願いであり、私たちが普段語る言葉の音の中に秘められた、**神様のアジェンダ**（計画書）であるようです。

この中で最も大切なのが、最初にある「澄めば澄むほど」です。今までは、「清濁併せ呑む」でよかったのですが、これからは、純度の高さが世界の表れと直接、関わってくるようになるのです。

ちょうど、先ほどお話ししていた「マルチワールド」の中で、どの時空が表れるかとも関連します。

矢作　なるほど。ここでマルチワールドと繋がっていくわけですね。

はせくら　はい。言霊が幸わう国である我が国は、良くも悪くも具象化させていく力を強く持っていますから、今後ますます、私たち一人ひとりの精神の在り方が、現象界に影響を与えていくのだと思います。

パート2　霊的な世界と、科学や医学が近づいてきている

（対談　第二回目　矢作氏、18日間の南アルプス単独登山の直後）

「身軽に生きる」の本質

はせくら　矢作先生、無事お帰りになられてうれしいです。

今回はまず、先生の登山のお話からお伺いしたいです。

南アルプスに登られたのですよね？　長野県あたりでしたでしょうか？

矢作　日本アルプスと呼ばれるところが、三つあります。

中でも有名なのが、北アルプスと南アルプスです。

北アルプスは飛驒《ひだ》山脈（富山県・岐阜県・長野県・新潟県の4県にまたがる山脈）、南アルプスは赤石《あかいし》山脈（長野県・山梨県・静岡県の3県にまたがる山脈）で、もう一つの中央アルプスは木曽山脈（長野県）。

これらの山脈の総称が、日本アルプスですね。まあ、辺鄙《へんぴ》なところです。

はせくら　辺鄙……そういわれればそうですね（笑）。

登山には計画書があると聞いていますが、スタート地点、ゴール地点など、決めてから入山するものなんでしょうか？

矢作　今回は、三伏峠《さんぷくとうげ》から易老岳《いろうだけ》まで、間のルートも決めて行きました。ただ、入山計画書というのは、ほぼ入山届みたいなものなんですね。

その届け先は警察です。もちろん、直接警察署へ届けにいく必要はなく、あらかじめＦＡＸや郵送、メール（インターネット）で提出したり、登山口の「登山ポスト」に提出します。私は「登山ポスト」を使っていますが、この場合まあ、基本的には警察は見ないのではないかなと思います。おそらく、遭難事故が発生したときに見るのではないでしょうか。

はせくら　遭難といえば、以前、私の税理士をしてくださっていた方が、山に入ってそのまま……。

矢作　亡くなってしまったんですか？

はせくら　そうなんです。7、8年前のことです。

山というのはそういうことがあるんだなと思って、胸が痛みました。

矢作　けっこうあるみたいです。

家族がいない方であれば、届出を出したところで、下りてこなくても誰も気がつかないかもしれません。

もちろん、働いていれば職場の人が気づきますが、何日もかけて山登りをする人には、自営業の方もたくさんいます。

そうすると、その人が帰る予定の日を何日か過ぎても、誰も探さないし行方不明として警察に届けることもないわけです。

ずいぶん後になってから、あの人と連絡が取れないけれど、どうなってしまったのだろうというようなことが、実はあるのではないでしょうか。

はせくら　そうなんですか……。そういうことを防止するために、入山計画書を出しておくんですね。

登山計画書（登山届）

2020 年　7 月　30 日

○○警察署　御中

目的の山域・山名	○○アルプス　○○山　○○ルート		
入山日	2020 年 8 月 10 日	最終下山日	8 月 15 日（予備日を含む）

役割	氏名 生年月日	性別	年齢	住所 電話（携帯電話）	緊急連絡先・氏名 住所または電話（携帯電話）
	日本太郎 1889/1/1	男	31	東京都新宿区○○町○○番地 090-XXXX-XXXX	日本花子 090-XXXX-XXXX
	東京三郎 1993/5//5	男	27	東京都千代田区△町△番地 090-XXXX-XXXX	東京一郎 090-XXXX-XXXX

日程	行動予定
(1)　8　／　10	（出発　○○駅待ち合わせ）～○○登山口～○○尾根～○○小屋天場（泊）
(2)　8　／　11	○○小屋～○○稜～○○のコル～○○山頂～○○肩の小屋天場（泊）
(3)　8　／　12	○○肩の小屋～○○分岐～○○平～○○山荘天場（泊）
(4)　8　／　13	○○山荘～○○山頂～○○尾根～△△登山口キャンプ場（泊）
(5)　8　／　14	△△登山口キャンプ場～(帰途)　（予備日 8 月 15 日）
荒天・非常時対策 エスケープルート	山小屋非難又は、△△尾根から△△村へ下山

◎ 所属している山岳会・サークルについて記入してください。

団体名	○○山岳連盟（協会）		
所属	○○クラブ	緊急連絡	
代表者氏名	○○岳太	氏名	○○岳子
代表者住所	東京都新宿区○○町	住所	東京都千代田区○○町
代表者電話	03-5843-XXXX	電話	090-XXXX-XXXX
代表者携帯電話	090-XXXX-XXXX	救助体制	○ある（　10 名）　　なし
捜索費用にあてる保険加入の有無	○あり　　なし	保険会社	（MS＆AD）

矢作　そうです。けれども警察も、親族や関係者から、「登山に行ったまま帰ってきません」という連絡がない限り遭難の発生が分かりませんから、そのままになってしまうのです。

もちろん、無事に下りましたという連絡になる下山届も出しますが。

はせくら　登山をしない私にとっては、始めて知ることばかりです。

矢作　学生時代には、私も届けなんか出さなかったです。

絶対に帰ってくるか、何かあっても絶対に助けてもらわない、そういうつもりで行っていました。

夏休み・冬休みや春休みなどの長期休暇で行くので、私が山に登っているということを知っている人はいないわけです。

親元を離れていましたから親に報告もしないですし、友達に言うにしても、友達を緊急連絡先にするわけではないので、基本的に届けは出さない。

だから、万が一遭難したとしても、捜索というのはもちろんありません。

大学時代の矢作氏

スッキリしていて、いいでしょう（笑）。

はせくら　それが、「身軽に生きる」（矢作氏の既著となる書籍名）の本質ですか。

矢作　そうです。

はせくら　怖すぎます（笑）。

矢作　後で知った親もびっくりしています。

はせくら　お母さんは泣きますよね。

矢作　それも分かっているので、生きて帰ってくるんですね。

必ず帰るという信念がありました。

はせくら　ところで、お山は早朝から登り始めるのですか？

矢作　そうですね。登り始める時間というより起きるのが早くなるんです。なぜなら、準備に意外と時間がかかるからです。

例えば、手袋一つでも、最終的には2本指のミトンをするんですが、たいていその下に普通の手袋を二重にするんです。全部で三重になりますね。

そうすると、すべての動作が緩慢になるんですよ。分厚くなりますから、物を持ちづらいですしね。

チャックを開けるのにも、手袋なしだったらピッと開けられますが、手袋を重ねているとそうもいかず、ウンウンとやるわけです。すべてに時間がかかりますよね。

はせくら　三つもしていたら、外すにも時間がかかりますね。

矢作　外すだけならまだいいのですが、外した後に、風で飛んでいかないように工夫しないといけないんです。付いている輪っかを開けたり閉めたりして、何かに固定する必要があります。

飛ばされてしまうと、もうアウトですから。

はせくら　すごいですね。本当に入念な準備や工夫がいるんですね。

矢作　ええ。手袋の一つがなくなってしまうと、もちろん替えを持っていればいいですが、ない場合もありますから、とても困ります。

二つの手袋をしていても、その覆いになる風よけのミトンがないと、手が凍傷になってしまうんですよ。

こういったことは経験がものをいう。つまり、経験が浅い若い人がよく凍傷になるんです。指先だと、比較的すぐに凍傷になりますね。基本的には、6時間血がいかないと、組織は死んでしまいます。

行動中にはいちいち指をチェックするような悠長なことはやっていられないので、朝出発したら最後、テントを設営して手袋を外すまで分からないこともあります。

はせくら　痛みや寒さも分からなくなるのですか？

矢作　もちろん、必ず痛くなって感覚がなくなるのですが、条件が厳しいので、一生懸命やっているとそれすらも分からないのです。命からがらなんですよね。

はせくら　条件が厳しいというのは？

矢作　あまりピンとこないかもしれませんが、例えば本当に風が強いときには、風速20〜30メートルにもなります。

そこに突風がきてさらに30〜40メートルになると、台風の中を歩いているような感じになるんです。

気を抜くと、吹っ飛んでしまう勢いなわけです。

だから、耐風姿勢というんですが、風が吹いてくる方向に体を向け、両足を広げて利き手はピッケルのヘッドを持ち、反対の手で持ったシャフトを地面に垂直に立てる。頭を下げて、上体はできるだけ低くするという姿勢で強風をやりすごすんですね。

これを知らないで直立のまま歩いていくと、致命的なことにもなりかねないのです。

はせくら　そうして厳しい条件に気を取られている間に、手袋の中では……。

矢作　気がついたら感覚がない。手袋を外してみたら、手先は真っ白に凍っているんです。

はせくら　でもそうなったからといって、すぐには下山できないでしょう？

矢作　そうです。そのときはもう、しょうがないんです。さようならということで、放っておいても、やがてミイラ化といってポロッと取れるんです。

凍って死んでしまったところが取れてなくなってしまって、もう生えないんですよ。

取れたきり、指詰めみたいになってしまうわけですね。

行動中は、とりあえずは差し支えないんです。

「この指、先っぽが感覚がなくて使えないね」というぐらいで。下山してしばらくしたら痛くなって、ヘタしたら取れてしまうということです。

はせくら　先生は大丈夫だったんですか？

矢作　一度だけ右手の中指の先をやったくらいです。そんなに無理しませんから。やはり、若気だけではいけないですよ。ちゃんと身を守ることをしないといけません。

はせくら　やはり、経験のなせる技プラス、チャレンジとのバランスでしょうか。

矢作　それはありますよね。

「逃げず無理せず」で山に登る

矢作　例えば、今回は登って降りるまでで18日間かかっているんですが、若い頃は実質、9日間ぐらいで行っていたんですね。

はせくら　修験者《しゅげんしゃ》のようですね。走って登るんですか？

矢作　もちろん、冬の雪山ではそういうわけにもいかないですが。体力があれば、1日の活動がより充実します。今の私でいえば、6時間と決めたら、それ以上に動くのはなるべくやめようと考えています。

はせくら　計画の緻密さ、そして準備がものをいうということでしょうね。

矢作　そうです。よく言うのが、「**準備、計画が3分の1、体力を蓄えたり、体調を整えておくことが3分の1、そして実際の行動が3分の1**」ですね。

はせくら　それは、一般的な話なんでしょうか?

矢作　たぶん、そこそこの山に行く人は、みんなそう考えていると思います。だから、実際に山に入るまでに、ある程度は勝負がついてしまっているんです。

はせくら　そこのところを、もう少し詳しく知りたいと思います。準備、計画を練るというのが3分の1、体力作りのための動きが3分の1、そして、実際の行動が3分の1。

その考え方は、私のような「山はまず、登りません」という人たちの暮らしの中でも役立ちそうですね。

矢作　例えば、起業をするときもそうだと思いますが、うまく回るような見込みが立つまでの準備がほとんどでしょう。

後は実際にやってみて軌道修正していくのでしょうけれども、普通は準備のほうが長いじゃないですか。資金を調達するのに走り回るとか。

はせくら　資金集めも含め、具体的な運転をしていくための準備ですよね。それが66%ということになるでしょうね。

そして、残りの33%で行動。それも、動きながら軌道修正していくという。

先生も、登山のときに動きながら軌道修正するという場面が、けっこうあったのではないでしょうか？

矢作　ありますよ。山歩を再開して4年になるのですが、今回のコースは、前から何回もトライしていました。

ところが、毎回失敗していたんです。なぜかというと、予定したところまでたどり着けないからです。

それで、ある閾値というか、これ以上疲れると休んでもすぐには回復しないというポイントがあることに気がついたんです。

若い頃は、どんなに頑張っても寝れば翌日は元気になっていたんですが、今は、ある程度以上に頑張ってしまうと、ぐっすり眠れたとしても翌日は疲れが取れずに必ずパフォーマンスが落ちてしまうんです。
それの繰り返しで、どんどん動けなくなってしまう。

はせくら 疲れの上乗せみたいな感じで、どんどん蓄積疲労してしまう……、閾値をオーバーしていたということですね？

矢作 そう、閾値を超えてしまっていたからなんです。
だから、今回は**疲れる前にやめる**ということを試してみたんです。
一つは6時間でやめること、かつゆっくり歩く。歩くスピードを変えてみたんです。
山歩報告書がありますから、お見せしますね。
こんな感じで、今回はわりと余裕のある行程で歩きました。

はせくら 「**逃げず無理せず**」。まるで、ガンジーの塩の行進（＊1930年3月12日から4月6日に、マハトマ・ガンジーとその支持者がイギリス植民地政府による塩の専売に反対し、

山歩報告書

2021年4月6日作成

氏名: 矢作 直樹(ヤハギ ナオキ)

山域: 南アルプス

主な山岳の名称: 三伏峠〜易老岳

日程:2021年3月10日(水)-3月27日(土)

パーティー人数: 1人

——行動—— 逃げず無理せず

前日(3月9日:火) 晴れ

新宿 12:00-(あずさ21号)⇒14:03 茅野 14:26⇒14:40 岡谷 14:50⇒16:00 駒ヶ根 駒ヶ根グリーンホテル(0265-83-1141)に投宿 ホテルに着いた事を丸茂自動車に連絡入れた

1日目(3月10日:水) 晴れ

駒ヶ根 6:45⇒7:34 伊那大島 7:36-(タクシー(丸茂自動車:11,460円))⇒8:30 野ヶ池上冬季ゲート 8:40〜9:20 パノラマ展望台〜10:25 越路夏季ゲート(入山届)10:42-(2.6km)〜11:45 鳥倉林道登山口〜13:50 豊口山間のコルで幕営(到着時0℃)(TS)

行動時間:5時間10分

2日目(3月11日:木) 晴れ

TS5:55〜10:30 三伏峠〜10:40 森林帯を出た処で幕営(TS)

行動時間:4時間45分

3日目(3月12日:金) 曇り

TS6:30〜8:10 烏帽子岳〜9:55 前小河内岳〜11:55 小河内岳避難小屋(泊)

行動時間:5時間25分

4日目(3月13日:土) 風雪

停滞

5日目(3月14日:日) 曇り/快晴

小河内岳避難小屋 7:30〜9:00 森林限界〜10:30 2623mP 〜2599mP〜14:20 大日影山で幕営(TS)

行動時間:6時間50分

南アルプス山歩報告書(1ページ目のみ)

約386キロメートルを行進した抗議行動）を思い出すような。

これは、すごいワードだと思います。

矢作　特に大事なのが、「無理せず」のほうですね。

無理をすると、自分が分かっていないということが分かるわけです。

つまり、心ではまず大丈夫だと思っているのですが、体のほうはどのくらいダメージを受けているかを捉えるのが難しい。

例えば、筋肉痛一つとっても、若い頃だったら無理したときにすぐに痛くなっていたわけです。

ところが65歳を超えた今だと、痛みが出るのが2日後なんです。

はせくら　よく聞きますが、本当にそうなんですか？

歳を取ったらすぐには疲れが出ずに、時間をかけてから出るというのは。

矢作　60代で2日遅れですね。たぶん、40代ぐらいで1日遅れでしょうね。

70を越えたら、もっと遅れるんじゃないですかね。

筋肉痛だけでなく、他にアキレス腱炎が出てきたりもする可能性があります。

アキレス腱だけでも、程度がひどいと痛くて歩けなくなってしまうんです。それが山の中で起こると、かなり厳しいことになります。

だから、疲れない程度の「無理せず」がどのくらいなのかを把握する必要があるのですが、これが意外と難しいんです。

はせくら　先生は、どうやってそれを会得されたのですか？

矢作　この4年間で、たくさん失敗しました。

最初は、このコースをだいたい2週間ぐらいかけて歩こうと考えていたのです。

行動するのは、実際その3分の2ぐらいなんですよ。天気が悪くて動けない日が、必ず3日に一度くらいはあるんですね。

それを鑑みると、行動は10日で、期間は2週間で行けるだろうと思ったのです。

実を言うと、1977年12月~1978年1月にかけて、光岳から北岳へ40キロの荷物を背負って独りで縦走した際、聖平《ひじりだいら》から三伏峠まで、4日で移動しました。

はせくら さすが、仙人様（笑）。

矢作 これは、今思うと速いです。雪が無いときでも、40キロの荷物を背負ってそのコースをこの時間で歩くのは大変なので。
なにせその当時は、今よりも道具などが軽量化されていなかったので、一つ一つが重かったのです。なので、トレーニングしていました。
とにかく元気でした、当時は。
今回は、動かない日も含めて18日もかかっているわけです。

はせくら その成功の手前には、過去の失敗の積み重ねが功を奏していたという……。

矢作 4年もの間、毎回失敗してきましたね。これでもダメだった、このぐらいでもダメだった……って。

要は、衰えた今の自分の状態を知るのに4年かかったわけです。毎回失敗して、バカみたいですけれども。

相手は山なので、独り相撲を取るわけにはいかないんですよね。山に合わせなくてはしょうがないですから。

山に、疲れたから低くなってくださいというわけにもいきませんし。

山上で天地と繋がり、心から神動《かんどう》する

はせくら　何度もトライして、時間をかけて分かっていくという……、それはやはりすごいことだと思うんです。

今は何でも結論を急ぐので、何年もの長期的な観測を経て、ベストな位置が分かるというところまで待てないじゃないですか。

イタリアにいたときに、日本人はすごくせっかちだと言われたんです。

私はそうは思っていなかったんですが。

「なぜそう思うの？」と聞いたら、「エスカレーターに乗っても歩き出すでしょ」と。

あとは、エレベーターを待っているときに、10秒ほどでソワソワしだすとか、信号を待っているときも隣ですごくイライラしているのを見て驚いたということも言っていました。

それで、日本人はけっこう、せっかちな人たちだと思ったそうです。

私たちの国民性は、意外と「待てない」民族だったんですね。

矢作　確かに、せっかちなところがありますね。

はせくら　そんな中で、せっかちさとは対極の側で、長い年月をかけて、自分にとってのジャストフィットを見出していくって、素晴らしいことですね。

矢作　自然相手だと、本来は誰でもそうだと思うんです。

例えば、農業や漁業、林業も。

はせくら　農作物でも、順調に育ってきたものが収穫近くに大きな台風が来て、全滅するなんていうこともあるわけですからね。

農家の方は、精神的にも相当キツイだろうなと思うんですが、そういうものですか？

矢作　究極、自然任せですからね。自然の前に我々は微力ですから、本来は大自然に合わせるということですね。

おそらく、地球上で猛威を振るっている人類も……。

はせくら　猛威を振るっているって人類のことだったんですね。ちょっと新鮮でした。

新型コロナウイルスのことかなと思ったら、人間だったとは。

矢作　結局、人間は自分本位というか、地球にお世話になっているのに地球のことを考えていないじゃないですか。

持ちきれなくなった放射線の汚染水を海に撒くと言っていますが、放射線をなくしてしまうことも本当はできるのに、やらないわけでしょう。
それで、既得権益の中で動いていますよね。

はせくら 私が地球だったら、やっぱり毒になるようなものは排除したいと思ってしまうところですね。なんとかならないのかなと。

矢作 本当に、地球が寛大だから許してもらっているといいますか。最後まで許されるかどうかは分からないですけれども。
しかし、本来は違うでしょう。

はせくら 本質の見方や、それを大事にする在り方というのが、これからより大事になってくると思います。

ところで、そもそも、なぜ先生は山に行くのでしょうか？

矢作　目的は、山に元気をいただけるからですね。天地と繋がる気分になります。感謝を目的として、山へ入るんです。

神社もそうですが、エネルギーが爽やかなところだとより集中できますしね。

はせくら　標高８００メートルくらいになると、人の気がだんだん少なくなってぐっと清まるという話を聞いたことがあります。

どのぐらいの高さからなら、より天地神々と繋がれるんでしょうか？

矢作　確かに一つは、人がいないということが重要だと思います。

登山者だと比較的マシだと思いますが、神や自然を敬うという感覚を持っている人って、今の日本人では減ってしまいましたよね。そういう感覚を持たない人は、ノイズを発しがちです。

天地と繋がるには当然、ノイズがないほうがいいですよね。

はせくら　ノイズというのは、別の表現をすればエゴということになるんでしょうか？

矢作　エゴでもあり、天地への感謝の不足ともいえるでしょうし。

はせくら　先生にとって山は、感謝行の場所なんですね。

矢作　そうですね。体力がなくても、感謝の気持ちで山に登れば、エネルギーがより精緻になる。

はせくら　純度が増す。

矢作　はい。それで動けるという面もあるわけです。
単純な話、荷物を背負って平地を6時間もただ歩けと言われたら、やってられないですよ。けれども「場」のエネルギーによって全く異なってくるのです。
「場の力」は本当に大きいんですよ。

はせくら　その「場」で感じる感動も素晴らしいのでしょうね。
私は最近、感動の正体は、「**神動**《かんどう》」ということではないかと思っているんです。

矢作　まさに、そうですね。心身一如《しんしんいちにょ》みたいな感じになりますからね。

はせくら　山中での感動は、どんなところにあるのでしょうか？

矢作　一歩一歩です。逆に、一歩一歩を意識していないと、前に進めないんですね。
例えば、冬に低地の森林の中だと、うっかりすると足が雪の深くまで潜ってしまうんです。
踏み固められていない雪はとても柔らかくて、体重をかければすっと沈みこみます。
雪を踏み固めながら進みますが、それも平地ならまだしも、坂道だと本当に大変です。

はせくら　道はあるのですか？

矢作　いいえ、雪だけです。本当は道があったとしても、雪で隠れて分からないですね。

つまり、道なき道です。
ただもちろん、なんの知識もないところにむやみに行くわけではなく、一番安全で歩きやすいところを、普通の地図と磁石を頼りに進みます。
吹き溜りの斜面では、背丈近くまで潜るところもあります。
そうなると、雪を崩して、膝で踏み固めて、さらに乗って潰してという進み方になります。
それの繰り返しなんですね。

はせくら　じゃあもう、這うようにゆっくりと進む。

矢作　1時間に1キロしか進めない。いや、1時間に1キロ進めたらいいなという感じですね。極端にいえば、1日に1キロしか進めないくらいです。

はせくら　そこで出会う人はいるんですか？

矢作　いないですね。最初の峠に着くまでに1パーティーと会った以外は、下に降りるまで誰にも会っていないんです。だから、ノイズがない。

はせくら　ノイズなし。18日間、人としゃべっていないんですよね。

矢作　しゃべらないのはなんの苦もないんですが。

とにかく、一歩一歩、感謝なんです。

はせくら　一歩進んで、「ありがとうございます」。

矢作　それの繰り返し。何万回もありがとうと言っているわけです。

はせくら　竹田製菓のタマゴボーロは、作っているときに「ありがとう」をいっぱい聞かせているそうなんです。それこそ、100万回も。それは美味しくなりますよね。

矢作先生のお話に例えるなら、山全体が巨大なタマゴボーロのように、「ありがとう」の塊になる感じですね。

そして、先生もずっと五体投地して進まれているかのような。

矢作　五体投地は雪がないですし、進み具合が計算できるからいいですよね。雪の状態だと本当に、すぐそこに見えているところでも、なかなかたどり着かないんです。

はせくら　私も道産子なので体感的に知っているのですが、雪の中を歩くのは、けっこう、危なくないですか？

矢作　そう、危ないんですよ。

特に、大きな木のそばには近づかないようにしなくてはいけません。木はすごい熱量を出しているので、一番下の葉っぱが密なところだと雪が溶けているんです。

すると、根本に深い穴ができます。

周りの積雪によっては、背丈より深い大きな穴になっているところもあるんです。ツリーホールというのですが、それに落ちると出るのが大変です。

雪が固くないから怪我をすることはありませんが、けっこうな深さまで埋まります。

まずそこで、力をかける支点を得るのが大変なんですね。落っこちてしまったが最後、木に掴《つか》まろうにも幹が太いからできません。

それこそ一歩一歩、雪を掻き出しつつ、相当大きな階段を作らない限りは抜け出せないわけです。

たった一回落ちただけで、大変なことになりますから。

感謝業を実践するには？

はせくら　すごいことですよね。一歩一歩、本当に天地と一体にならなければ、歩めないですね。

先生のこの「**一歩一歩感謝**」ということを、下界でできるコツはないでしょうか？

矢作　一歩一歩とは言わないまでも、例えば歩く道すがらでも、草花がいっぱいあるじゃないですか。あるいは雲、鳥、何でもいいのですが。

そういう**身近なものに意識を向けて、「綺麗だな」**とか、**「ありがたいな」**とか、**「美しい雲だな」と思う感性を常に持っておく**ということでしょうか。

はせくら　やはり、自然の産物ですものね。

矢作　もちろん、人工物でもいいと思うんですよ。

例えば、神社仏閣など、本当に気持ちを込めて作った人の心根が感じられれば。

「立派だなぁ」と感心することも、感謝に繋がりますよね。清水寺なんて、本当に立派じゃないですか、あの舞台が。

はせくら　心を傾けるというか、**作りし者の思いに心を寄せていく**という、それがそのまま山と同じような感謝業の実践となるという感じでしょうか。

突き詰めていえば、普通の街でも、人々が無事に毎日の生活を営めているという意味で、ありがたいと思う気持ちが生まれないといけないんですね。

矢作　そういうふうに思えているときも確かにあるでしょう。

ただ、慌ただしく日々の生活に追われていたり、心配事や問題があると、感謝というところにまで気持ちが至らないかもしれません。

例えば、急にお腹が痛くなってトイレに駆け込むときにも感謝を忘れないということはできないですよね。

だから、やはり**意識的に感謝の気持ちを忘れないでいる**ということが大事なのではないでしょうか。

はせくら　常に心に留めておけばいいのですね。

矢作　だって、極端なことをいえば、息をしているのだって大変なことなんですからね。

それなのに、息は吸えて当たり前と錯覚している人が多くて困ります。

はせくら　そういえば、息子が小学校四年生の時に、気管支喘息で10日間ほど、入院したことがあるのです。

呼吸がしづらくなり、気を失って入院したのですが、退院時、久々に外の空気を吸いこみながら、しみじみといった言葉が今でも忘れられないんですね。それは、「お母さん、当たり前ってすごいね。息ができるって、すごいことだね」と。

以来、何かあるたびに、ふとその時の言葉が思い出されるんです。

矢作　医療に携わっていると、常にそれを感じます。逆に、人々がいかに感じていないかということもよく分かります。

皆さん、現在があることが当たり前になってしまっています。

とんでもない。放っておいたら、体の状態というのは年を経るごとにだんだんと崩れていくに決まっているんですからね。

はせくら　加齢によるいろんな変化がある中で、体との向き合い方のコツは何かありますか？　歳を取ると、それまでできたものが、だんだんとできなくなっていきますよね。

矢作　まあ、お迎えが近くなってくるわけですから、昨日できたことが今日はできないことが当たり前と思うことですね。

昨日より今日のほうがより元気になって、映画「ベンジャミン・バトン」のように若返っていくのでは、死ぬときに困るわけです。

はせくら　順序も大事ということですね。

矢作　人生の頂点を極めているときに死ぬのでは、納得できないのではないでしょうか。納得というのは理性での納得という意味ではなく、体感として変じゃないですかね。

例えば、「疲れ」について考えたときに、24時間山の上で、荷物を背負って走ってもまだ疲れないという状況だと、満足を感じられない部分があると思います。達成感という意味でね。

それが、今はたった6時間、ゆっくりと歩いただけで疲れるのでしたら、そこで十分な満足を得られます。

はせくら　「やったな」っていう感じですね。

となると、逆説的ではありますけれども、ちゃんと疲れるとか、あるいは、体力が低下してできないということは……。

矢作　それも一つのゴールですね。

はせくら　ゴールであり、満足へ至るための大事な要素、ベースになるということでもありますよね。

矢作　そうですね。さらに、歳を取って認知症になってしまった人は、ご本人は幸せだと思うんです。自分の能力が落ちていても気にならないのですから。

頭の働きは落ちたとしても、本人の満足度は落ちていないので、相関しないでしょう。

はせくら　つまり、そういう状態というのも神様が作り出している⁉

矢作　もともと死を恐れていた人も恐れなくなるので、**受け入れるための仕掛けのひとつ**ですね。

介護とは、愛や感謝を学ぶプロセスである

はせくら　では、具体的な話として、介護の立場にある人たちの、心の在り方についてはどうでしょうか？

矢作　一つ実演しましょう。

（同席の編集者への語りかけ）

この台の上に横になってみてください。

何通りかやり方はあるのですが、このデモが一番簡単なのです。

絶対に私に協力しないで、そのまま体を投げ出していてくださいね。

（編集者を起こす。なんとか起き上がれた感じ）

この体勢ですと、人の体ってけっこう重たいんですよ。横になると、どんな人でも重心が分散するので。

では、もう一度横になってもらって、再度私が体を起こしますね。

（今度は簡単に起き上がる）

はせくら　軽々と起き上がりましたね。

矢作　「あること」を思ったんです。そうすると、勝手に体が持ち上がってしまうんです。

はせくら　「あること」というのは、施術者である先生が思ったということですか？

矢作　そうです。言葉にも出していないので、相手には知りようがないんですが。

実は、「ありがとう」と思ったんです。**「ありがとう」と思うと、意識では抗っていたとしても、体が同調して動いてしまうのです。**

別のこと、例えば「こんちきしょう」と思うと重たいままです。

「ありがとうございます」なら大丈夫。これだけです。**口に出せば、もっと強くなりますよ。**

つまり、イヤイヤやっている人は、腰を痛めてしまう。感謝を込めている人は楽になる。

はせくら　介護される側の人は、思わなくていいんですか？

矢作　まったく関係ないです。意識がない方でも大丈夫です。

はせくら　される側が、「こんちくしょう」と「ありがとう」と思うことで、それぞれに違いが出るのかを見てみたいです。

矢作　では、もう一度やってみましょう。まず寝ている側が、「こんちくしょう」と思っていてください。

私はずっと、「ありがとう」と思って起こしますから。

（編集者を起こす）

今度は、「ありがとう」と思ってください。

（再度、編集者を起こす）

編集者　今が一番、軽々と起こしていただいた感覚です。

矢作　相乗効果というのがあるようですね。すごく実用的ですよね。

でも、「こんちくしょう」のときも、最初に私が何も思わずに起こしたときよりは軽かったでしょう?

やはり、**愛のほうが強いんです**。**感謝、愛、調和、呼び方は何でもいいんですが、ファイン（精微）なエネルギーのほうが絶対に勝ります**。

なぜそう言い切れるかというと、実証済みだからです。

今のデモをしていたら、「絶対に俺はそんなふうにはならない」と言って、体を棒のようにして突っ張っているひねくれた人がいたんですね。ガタイがいい男性でしたが。それでも関係ないんです。こっちが、「この人はいい人だ。ありがとう」と思うと、フワッと起き上がってしまうんです。

はせくら　これって、すごいことですね。

矢作　北風と太陽のようですよね。

そして、介護とは何か？　私は、相手への**愛や感謝を学ぶプロセス**だと思っています。

はせくら　「介護というのは、愛や感謝を学ぶプロセス」……沁みますね。
介護ロボットや、介護者のためのアシストスーツを超える世界に見えます。

矢作　アシストスーツについては、今から20年くらい前に筑波大学の工学部の先生が初めて作ったんですが、もてはやされましたね。

即物的に捉えればアシストスーツもいいのですが、本来は、そういうことではないんです。

荷物をフォークリフトで運ぼうとするわけじゃないんですから、コンセプトとしてはちょっと違うなとそのときは思いました。


はせくら　人はモノじゃないですからね。

介護の現場で使える、他のどんな場面でも使える、魔法のような言葉を私たちは持っている。**生きてゆくための歩みは、「ありがとう」という感謝から始まっている**のですね。

素晴らしい言霊です。

矢作　言霊は言葉として口から出しますが、心で思うだけでもいいのです。

はせくら　なるほど。それならいつでもどこでもできますね。

霊的な世界と、科学や医学が近づいてきている

はせくら　さて、今回の対談は、言霊のお話も出るのかなと思いまして、参考となるかもしれないノートを持ってきました。

実は五母音と五行は関係しており、それがそのまま、方位や臓器なども関わってくるのです。

一般的な五十音表は、アイウエオから始まる十行ですが、言霊的に言うと、最初のア行が、精神（エネルギー）の世界で、ワ行が物質の世界です。

そして、ア行は「天の御柱」といい、伊邪那岐神《いざなぎのかみ》が立っている場所、一方ワ行は、「国の御柱」といい、伊邪那美神《いざなみのかみ》が立っている場所と捉えられています。

五音	音	五大	五行	自然界	方位	肉体	五行色	感情（＋）	オノマトペ	感情（－）	オノマトペ	七情	気根	五臓	立体
イ	意	地	土	土壌・微生物	中（央）	遺伝子DNA	黄	共感・腑に落ちる	ニコニコ	納得できない・しっくりこない	ウジウジ	思	生命の力	脾	正六面体
エ	慧	火	火	太陽・光と熱	南	神経	赤	喜び・愛	ルンルン	憎しみなど・心を閉ざす	ガーン・ショック	喜	叡智の力	心	正四面体
ア	天・吾	風	木	空気・草木・植物	東	呼吸	青	意欲	ワクワク	怒り	イライラ	怒	愛の力	肝	正十二面体
オ	央・緒	水	水	海・川	北	血液・体液	黒	水のように自由	リラックス・ホッ	恐怖・不安	オドオド	驚	気胆の力	腎	正二十面体
ウ	宇・生	空	金	鉱物界	西	骨・表面	白	リラックス・自然体	ナチュラル	罪悪感・自己防衛・悲痛・正当化	シクシク	悲・憂	行動の力	肺	正八面体

古事記では、右廻りか左廻りか、あるいは、どちらが最初に声をかけたかということで、象徴的に表されています。

やはりこの世界は、二極に分けることによって、示されていくということです。

老子的な表現でいうと、「道は一を生じ、一は二を生じ、二は三を生じ、三は万物を生ず」になります。

ところで、二といえば、人体にあるＤＮＡ螺旋は、なぜ２本なんでしょうか？

矢作　おそらく、相補的なほうが安定するからでしょう。

新型コロナウイルスのように、一本鎖《いっぽんさ》のＲＮＡというものもあるのですが、非常に変化しやすいのです。

下等動物であればそれでもいいのですが、高等動物だと恒常性が保てないということがあるんじゃないでしょうか。

はせくら　実は、言葉や文法が変わることで、ＤＮＡの並び方も変化するらしいのです。ロシアの研究チームが発見したのですが、ＤＮＡ配列は常に同じ状態であるというわけではなく、常に変化しているのだそうです。

ということは、やはり**思いが変わるとＤＮＡも変わる**ということですよね。

矢作　思いはエネルギーですからね。

まさに、**タイムラインを変えると体も変わる**ということですね。

はせくら　少し霊的な話になってしまうのですが、ＤＮＡが変容するときに、体から金粉が出ることがありますね。

矢作　物質化ですね。サイババさんも、金粉を出していましたよね。

はせくら　私たち人間も、歓喜に包まれると、わりとそうなりませんか？

矢作　金粉は誰からでも出るんですが、そうした意識がないと気づかないでしょうね。

はせくら　自分が金粉を出せると知ったら、意識も変わるんじゃないでしょうか？

矢作　そういうことも含めて、用意のできた人に伝えていければいいと思います。

このところ、そうした霊的な世界と、科学や医学が少しずつ近づいてきている気もするんですね。

はせくらさんが保江邦夫先生と出された対談本（『宇宙を味方につける　こころの神秘と量子のちから』明窓出版）も、そんな内容でしたよね。

当然、人間の学問のほうが後追いになってしまうので、本当に近づけるかどうかはともかくとして、近づく方向に向かっているのでしょう。

はせくら　自然と対峙するということ以前に、そもそも人間が自然の一部であるのですからね。

矢作　西洋には、そうした認識がないでしょう。ですから、分析だけが重要視されてしまったわけです。

デカルト、パスカル以来、西洋科学というのはもっぱら分析できていますよね。

はせくら　言霊学に戻って言うと、「分けて」分かろうとする思考法が、伊邪那美の側（国の御柱）へと至る世界観で、そこから元の一つに戻ろうとする思考法が、伊邪那岐の側（天の御柱）へと至る世界観なんです。

分離と統合という言葉に置き換えることもできます。

矢作　そこなんです。分析プラス統合、これが重要なんです。

すべては陰と陽で成り立っている、片方だけでは成り立たないということに気づかないといけません。

けれども今のアカデミズムの世界では、未だに気づいていない人のほうが圧倒的に多い。

それが、とても不自然なんですね。

はせくら　エビデンス信仰みたいな感じでしょうか？

矢作　重要なのは、「**統合的な考え方**」なんですよね。

今はエビデンスも、細切れになった結果に出てくるようなものじゃないですか。

マスクをしたほうがいいというのも、マスクをしたほうがいいということが前提のスタディしかしていない中で出した答えであって、マスクをした場合にどんなデメリットがあるかについては掘り下げないわけです。

例えば子どもが、親や先生の表情が見えず、気持ちが読めないから疎通障害を起こすというデメリットがあります。

そして、本当は一日に1回しかマスクを替えないのは逆に不潔になるのに、そうしたことは表に出てこない、というか出さないようにしているわけですからね。

はせくら　でも、今の世の中では毎日替えるというのが普通で、それで清潔に保てて問題ないという認識ですよね。

それは、大丈夫ではないのですね？

矢作　医療の現場では、例えば、集中治療室ですと、1患者につき1マスクなんです。診察の度に替えるわけです。

すごくもったいないですよね。

それに、世の中の人全員が清潔に扱い、しかも一日に何度も交換するというのは、資源が有限であることを考えてもまあ無理でしょう。

はせくら　すごい量になりますものね。

矢作　そして、極論を言えば、亡くなる方を無理に生かすのは、それも反自然的で問題があると思うのですね。

普通に治療して治るのであればいいですが、過剰なことをしないと生命が維持できない場合、どこまでするのかということです。

例えば、欧米ではもともと、高齢者を人工栄養で延命することは一般的にされていません。また、スウェーデンでは、今回の例でいうと、高齢者はＩＣＵに入れないと聞いています。

一般的な日本人なら、見殺しにしていると思うかもしれません。

けれども、スウェーデンではそれが理にかなっているという考え方なのですね。

本質としては、そういう問題を提起していきたいのです。

生命とは何ですか？　どこまで人工的に介入しますか？　という話です。

今は、新型コロナウイルスで陽性になってしまったら最後、隔離され、危篤になっても会えないわけでしょう。

それでは、なんのための人生ですか？　と思うんです。

一番大事なものは何かと考えるということが、抜け落ちてしまっているんです。バランスが悪いんですよ。

はせくら　死生観がないということですか？

矢作　はい。そこが抜けているから、舞台から落ちたくないと言って、みんながしがみつく……これが騒動の根本ではないでしょうか。

ある程度心身がへばっていたら、自然に看取りましょうということを決め、みんなのコンセンサスがとれていれば、そんなに延命なんかしないですよね。

死とは、重たい地球服を脱ぐこと

矢作　私が現役医師のときに一番困ったのは、患者さんやそのご家族に寄り添おうとしますが、寄り添いすぎると真理から外れてしまうということだったんです。

寄り添われた側も不幸なままなので、折り合いのつけ方が難しかったですね。

はせくら　どういうふうに折り合いをつけておられましたか？

矢作　言い方が悪いですが、芝居をするわけですね。大根役者をやるわけですよ、ほどほどに。悲壮感を演出して、「お力になれず申し訳ありません」なんて、本当は思っていなくても言うわけです。

はせくら　単なる様式美になっているという。

矢作　正直に言うと、「おつかれさまでした。向こうに帰って、楽しんでくださいね」と思って送り出すんですよ。やっとこの重たい地球服を脱げるんですからね。

はせくら　地球服を脱ぐ（笑）。

矢作　脱ぐときのイメージは、心斎橋に広告があるグリコのロゴマークみたいな感じです。両腕をあげて、「ゴール！　やったー！」って。

そんなふうに思っているのが、旅立つ患者さんから感じられます。

はせくら　やはり分かりますか？

矢作　はい。まず、顔が変わります。

はせくら　亡くなってから、顔が変わるんですか？

矢作　変わります。だんだんにこやかになっていくんです。即物的に捉える人は、単に緊張が取れたからと言いますが、そうじゃないんです。解放された、嬉しいという表情なんだと思います、あれは。

はせくら　痛みや辛さの中で亡くなられても？

矢作　そこから解放されて、表情が柔らかく変わってくるんです。

はせくら　不思議ですね。

矢作　はい。臨終に近くなると、ご家族には、「心ゆくまで付いていていてけっこうですよ」と言います。そうすると、だいたい始めは殊勝にベッド脇に付いていていても、そのうちに、「まだですか？」と言われたりします。

はせくら　まだというのは、「まだ向こうに行かないのですか？」という意味ですか？

矢作　そうです。特に臨床的脳死になったような人は、集中治療室であってもご家族に、「どうぞお好きなときに付き添ってください」とお伝えしています。
ところが、3日ぐらい経つと、患者さん以外誰もいないときのほうが多くなるんですよ。飽きちゃうんでしょうね。

はせくら　いつまでか分からないような状態ですものね。

矢作　本当は分かっていまして、その状態になると1週間ももたないんですよ。するとだんだん飽きてきて、ご家族も「もういいかな」と思うんです。それが、彼らにとっての受容なんですね。そこが重要なんです。

はせくら　それが、だいたい3日なのですか？

矢作　3日といっても、その間、ずっとついていた人は、私は一人も見たことがないですが。まず、疲れてきますからね。

はせくら　生理現象としてね。

48時間から72時間くらいかけて、死を受容していくということなんですね。

矢作　だから、新型コロナウイルスで見舞いをさせない、看取らせないというのは、そこが問題です。

死の受容ができていないので、焼き場でお骨を引き取った後でも、まだ生きているような気がしているという人が多いわけでしょう。

ですから、この3日というのは、**プロセスとして重要**だと思うんです。

はせくら　脳死とされた方も、体から魂が抜けた後で、お顔の表情が変わります？

矢作　変わりますね。

はせくら　みんなそうなんですか？

矢作　人にもよりますが、脳死の場合は生きているうちからそうなることが多いという印象です。

集中治療室で人工的に延命させていても、表情が変わるということはあります。

亡くなった後に、ご遺体を綺麗にしている最中にも、顔って変わりますよね。

はせくら　それは、やっと肉体から出られたなという感じでしょうか？

矢作　当然、魂はその前に離れてしまっているのですが、肉体にも魂の思いが影響するんでしょうね、おそらく。

はせくら　肉体ってある意味、最後の砦ですものね。命が身体から抜けたな、というのも、先生はお分りになるのですか？

矢作　そうですね。そのように感じます。

はせくら　「あ、今、旅立ったな」という感じですか？

矢作　脳死についていえば、大きくは2パターンに分かれます。脳死状態になっている場合、画像診断では脳が真っ黒に映ります。一方で、脳死とされても、画像診断的にはまだそんなに悪くないように見える場合もあるんです。魂が先に帰りたがっているのでしょうね。

二つを比べると、かなり違います。

こうしたことに気づいたのはなぜかというと、民事訴訟ならまだいいのですが、刑事訴訟になった医療トラブルの裁判に、参考人として呼ばれることがあったからです。

そういった裁判というのは、検事や弁護士といった、医療関係者ではない人が医療の現場を学び、判決まで進めるというのがプロセスじゃないですか。

証拠などについても、当然、われわれ医療関係者とは解釈が違う場合もあります。

裁判所でも警察でも、複数の医療者の異なる意見を聞いていたりするんです。

数が多いからといって真理に近づくわけではないのですが、コメントをたくさん取ってくる。

そうしたプロセスを見たときに、「この人たちの考え方では、真理にはたどり着かない」ということを実感しました。

はせくら　非常に唯物的に、現象を捉えるだけの見方であったということですね。

本当は魂は逝きたがっているのに、まだまだ延命させたいという家族の気持ちとズレが起きていることも問題ですよね。

矢作　そうです。そして、魂が肉体に、どういう影響を起こすかということを知らないわけでしょう。

もちろん、医療従事者でも知らない人はいるわけですが。そういう見方をしている人たちにうまく説明するにはどうしたらいいかを考えます。

ですから、最初に答えありきでそこに終着させるように持っていくんです。

例えば脳死の事例でいうと、画像ではまだそんなに危ない状態ではないと思える事案でも、脳死として認められたほうがいいという場合もあり、そんなときはあえて見守るだけのこともあります。

状況に照らし合わせてみれば、まったく嘘はついていません。

ただ、どちらの部分をいうかで、答えはまったく逆になるわけです。

はせくら　切り取り報道のように、いくらでも玉虫色に変わってしまうということですね。

矢作　そうですね。即物的に事象を見ることだけが学問だと思っている業界では、なかなか本当のことは伝わりません。

はせくら　おそらく、そこを言っても受容できるチャンネル自体が存在していないのでしょう。

このコロナ騒動も含めた昨今の考え方のベースには、魂の在り方や、生きるということ、死ぬということの本質についての理解が遅れているという事情があると思います。

そこを唯物的に見てしまい、俯瞰で見ていなかった結果、みんな死を恐れているわけですから。

矢作　生死の境というのをカーテンに例えると、普通はカーテンで隔てられたスペースのどちらかしか見えないわけですよね。生きている側のスペースにいた人は、死んだときからカーテンの向こう側を見ることになります。

けれども、カーテンを俯瞰で見下ろした場合には、両方見えるわけです。そうすると、だいぶ景色は変わるじゃないですか。

おそらく、昔の人はそのように見ていたのではないでしょうか。

今の人は片側しか見ないから、向こう側にある見えない世界に恐れを抱いていて、向こうには行きたくないと思うわけです。

言霊で紐解く精神世界と物質世界の成り立ち

はせくら　なるほど。では、今のお話を言霊学の観点から観ていくことにしますね。

まず、ワ行である伊邪那美が、この物質世界を担当し、運営していました。

実は、黄泉の国と呼ばれている場所は、物質原理が支配する世界のことでもあるのです。

一方、伊邪那岐は精神原理の世界にいたのですが、黄泉の国を訪れて、戻ってくることで、精神に物質が乗った、いわば「精神物質原理」を理解した上で、元の世界に戻っていくわけです。

ちなみに、なぜそれが分かるのかというと、黄泉の国に行くまでは、伊邪那岐神でしたが、戻ってきた後は、**伊邪那岐大神**となっています。

精神性と物質性の大いなる調和が体得された世界の象徴としての、大いなる神です。

まさしく今、一人ひとりの「黄泉帰り」が、起こり始めているのだと思います。

矢作　そうですよね。

はせくら　今度は、母（伊邪那美神）を追って、黄泉の国へ行った「須佐之男命《すさのおのみこと》」で観ていきますね。

須佐之男命は、古事記の中で、乱暴狼藉を働く荒くれものの神として描かれていますが、深く読み込んでいくと、理想的な精神原理である高天原から、辛苦を背負って天下ることで、物質世界を治めるために旅立ったともいえるのです。

そうした意味では、とても勇気ある尊い神ですし、実のところ、私たち一人ひとりも、天上から地上へ降り立った、須佐之男命の役を担った存在であるともいえるのです。

須佐之男命の姉である、天照大神《あまてらすおおみかみ》という存在をどう捉えるかですが、天の御心がそのまま現れ、照らしている大いなる存在であると捉えたらよいと思います。

つまり、それは私たちの本質そのものの姿でもある、ということです。

ですので、今度は一人ひとりの須佐之男となった私たちが、天の意のままに（これを命《みこと》といいます）生きることを選択し、再び天照大神の御心と一つになって生きて、ますます栄えてまいりましょうというのが、今起きていることの意味なのではないかと捉えています。

そうした意味で、今回のコロナ騒動も、命や生死、また生きる意味とは何かという、根源的命題に取り組む、全人類的な飛躍の好機を得ているともいえると考えています。

矢作　そういうことは、メディアばかりに頼っていると永遠に分かりません。

そこから少しでも、上に目を向けられるといいですね。

はせくら　スピリチュアルな世界とは、決して浅薄なものではなく、人としてのより良い生き方を問う、真理世界への探究でもあると思います。

だからこそ、そのプロセスの中で起こる様々なことに囚われすぎず、真摯に学び続ける態度が大切になってくると思います。

矢作　そうですよね。目の前のことにあまりにもフォーカスしてしまうと、全体が見えなくなってしまいます。

すべてを統合した後に、大調和というのが見えてくると思うんですよ。

はせくら　すべては相似象としてフラクタルに現れます。

一人ひとりの心が映し出す世界が、見える世界をかたちづくっているのだと観念した上で、まずは内に入り、我が心を丹念に観察すること。

そして、曇っている部分があれば、みそぎ祓って（浄化・クリーニングして）きれいにして、元の晴れやかでスッキリした状態へと戻そうと努めること。

この繰り返しをしながら、実生活を生きることが、世界の表れを確かに変えてしまう鍵ではないかと考えています。

九方陣とも対応している十種神宝《とくさのかんだから》

はせくら　さて、ここで九方陣についても、少し触れてみることにしますね。

九方陣とは、縦・横・斜め、どこを足しても総和が369になるので、別名ミロク（369）方陣と呼ばれています。

また、宇宙の九九理（くくり・9×9の理）を表す、調和のとれた法則性の曼陀羅として、数のエネルギーである数霊で示された方陣なのです。

この方陣は、9つのマス目（方陣）に分かれていて、それぞれの中には、1〜9までの数が整然と並んでいます。

31	76	13	36	81	18	29	74	11
22	40	58	27	45	63	20	38	56
67	**4**	49	72	**9**	54	65	**2**	47
30	75	12	32	77	14	34	79	16
21	39	57	23	41	59	25	43	61
66	**3**	48	68	**5**	50	70	**7**	52
35	80	17	28	73	10	33	78	15
26	44	62	19	37	55	24	42	60
71	**8**	53	64	**1**	46	69	**6**	51

九方陣

実は、この9つある方陣は、先にお伝えした父韻（101ページ）と対応しているだけではなく、十種神宝《とくさのかんだから》とも対応しているのです。

矢作　祝詞《のりと》に出てくる十種神宝ですね。

はせくら　そうです。ちなみに、真ん中にある5の場所が、品物之比礼《くさぐさのもののひれ》と八握剣《やつかのつるぎ》の二つを併せ持った性質を持ち、その周りを囲んでいるのが、残りの八種の神宝であると考察しています。

きっとこれからは、三種の神器のみならず、十種神宝も使って、細やかに、そして鮮やかに、精神原理を、物質原理に投影していくのだと思います。

矢作　十種神宝すべてを活用し出すということですね。

はせくら　はい。おそらくそうした流れになっていくのではと思います。

特に日本人は、「ひ」のもとを預かっている民ですので、「ひ」（霊・陽・日）と呼ぶ、精神原理をしっかりと発露し、宇宙の理《ことわり》に沿う物質性の世界を表していくという役を担っているのです。

すでに日本人は、言霊という「エネルギーである波動性を、物質である粒子性に変えるためのエクスカリバー（聖剣）」をすでに手にしているので、やりやすいのです。

もっとも、神話では、エクスカリバーではなく、草薙剣や八握・九握・十握剣といった名で呼ばれているのですが。

この九方陣を、原型の形である三方陣に置き換えて、さらに言霊へと変換すると、次の図のようになります。

5を中心とした周りに八種ある、それぞれの特質と指向性を持ったエネルギーの光が、宇宙にも満ち満ちているし、そして、私たちの命の真ん中からも発振放射されています。まさしく、八光（紘）一宇（＊全世界を一つの家のようにすること）でもあるのですね。

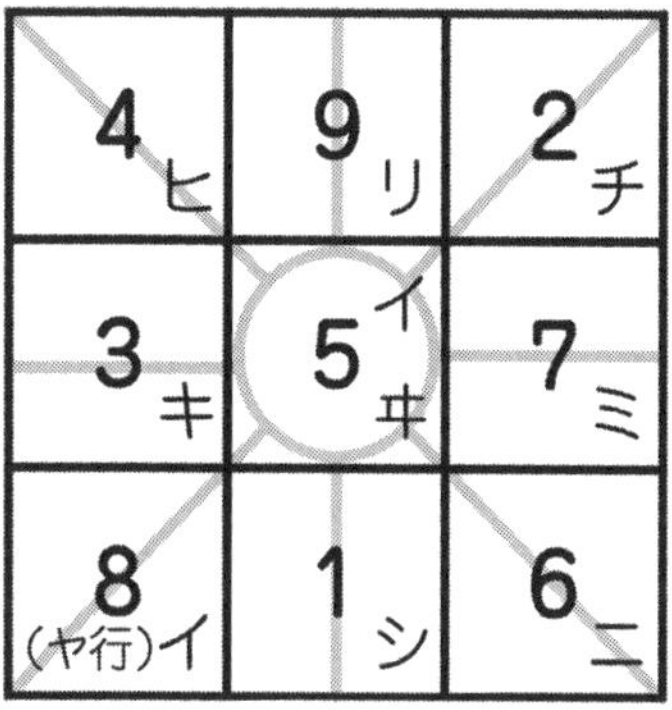

三方陣

矢作　ここで八紘一宇が出るとは面白いですね。

はせくら　本当ですね。この八種の光の働きのことは、どうやら宇宙の取り決めとして、あるいは神々との約束として、時が来るまでは明かしてはならないとされていたようなのです。

八種の具体的な働きについては割愛しますが、ざっくりいうと、螺旋か直線か面上かで進む、陰陽相補的なエネルギーという感じです。量子物理の世界では、物質に質量を与えていく素粒子である、ヒッグス粒子のメカニズムが関与していると思われます。

今までは象徴的にこのことを伝えていて、例えばキリスト教の「虹」、仏教の「石橋《しゃっきょう》」、神道の「天の浮橋」は、皆、これらの暗喩《メタファー》です。

言霊的にいうと、父韻が封印されたということです。

矢作　なぜ父韻は封印されたのでしょうか？

はせくら　精神原理に対して、物質原理の現れが、なかなか進まず遅れていたからです。ですので、いったん、精神原理を奥座敷にしまって封じ込めることで、のびのびと物質性の世界を探求し、物象界の完成を図ろうとしたのです。

直線的な時間軸でいえば、今から約３０００年前に封じ込め始め、２０００年前には、ほぼ封印してしまったと言われています。

矢作　一万年以上、調和的な暮らしを営んでいた縄文人が、大陸から人を受け入れ始めたのが、３０００年前でした。

それ以降、日本にも大変化があったのですが、この表舞台からしまい込んだことが、変化を加速させたということでもあったのですね。

はせくら　そうですね。以来、私たちの霊的感性は、どんどん落ちていってしまったのです。

矢作　以前の日本人は、比較的、霊的感受性が強く、例えば霊的視野で「見える」人もいたわけですね。

はせくら　はい。そうした、天と地を繋ぐ役――仲取り持ちとして、スメラミコトを立てたのだと理解しています。

神武天皇が天皇になった理由――大調和の本当の意味

矢作　神武天皇が、神々と話して天皇になった理由はそこなんです。

伊邪那美の世界だけでは行き詰まっていたので、伊邪那岐が伊邪那美の世界を勉強し、栄え、また行き詰まったときに次のステップに行く、つまり統合される。

これが、大調和ですね。

大調和ということは「調和が大きい」という意味と思われがちですが、違います。

個々が天と繋がり、自分が果たす役割を知ることで社会が一つの有機体として機能することを、大調和と呼んでいるのです。

体に例えると、どの細胞も脳の細胞より劣っているということはないのに、爪の細胞が脳細胞になりたいと言って変化をしたら、体としては成り立たなくなりますよね。

つまり、全体の中で個のあり様が分かることを大調和といい、その仕組みを将来必ず顕現するために、神々が天皇というものを作ったのです。

はせくら　まさしくそうですね。その時期が、いよいよ来たということなのです。

その原理を保っている国が、日本語をしゃべっている人々の国なので、今度は日本人がそれを自覚して歩み始めると、もっと栄えていきます。

見える世界だけに囚われてしまうと、せっかく持っているこの日の本の原理が生かされません。この国が、原石のような石ころ状態でいるのは、あまりにもったいない。

少し磨くだけで、日の原理、本質、つまり魂とは何か、生きるとは何かということが分かった状態になるはずです。

より良く生きること、**それは高天原、すなわち天の御心と一体になって生きる生き方です**。

私たちはそれを、先祖からずっと、天翔ける霊脈として受け継いできて、今があります。

そこにもう一度立ち返ることによって、霊脈もあらためて太くなっていくのではないでしょうか。

矢作　実は、みんなが愛と言っていることの裏返しは感謝なんですよね。

はせくら　はい。神道というのも、一言で言うと「感謝の道」ですよね。

矢作　**神羅万象への感謝**、やはりそこに帰結していきますね。

はせくら　では、次は父の音から母の音へ……そう、五母音の働きを次元で見ていきましょうか。

言葉、そして言霊とは、音波・光波として表される、想いを持ったエネルギーの波です。

それぞれが持つ音の働き、意味合いがあるのですが、

アは感性、イは生命意志、ウは感覚、エは理性、オは悟性を表す力動を持ちます。

これを次元の高低で表すと、「ウ」から始まり、「イ」へと至ります。つまり、ウオアエイという順番で次元が上がっていくのです。

もちろん、高いからよくて低いから悪いという話では決してなく、それぞれ固有の働きと役割を担っている、と考えます。

148ページにある一覧表を見ると、それぞれの働きが、それぞれに尊く、素晴らしい言葉であることが分かると思います。

五母音が伝える神々の次元

はせくら　さてここで、五母音の働きを神名で置き換えてみますね。

すると、ウは須佐之男命、オは月読命《つくよみのみこと》、アは高御産巣日神《たかみむすひのかみ》、エは天照大神、イは伊邪那岐神として、象徴的に表すことが可能です。

現在の時空はまだ、須佐之男命の「ウ」次元ですが、これから、一段飛び越えて、「エ」次元の天照大神が坐します、理想的な精神原理の世界――高天原世界へと生まれ変わろうとしているんですね。

なので、伊勢神宮も皇居も、天照大神を最高神として祀り、「ひ」（精神）の原理を大切に護り継いでいるのです。

矢作　五母音が織りなす世界、実に面白いですね。

特に、自然界に置き換えたものが興味深いです。

はせくら　そうですね。

五母音から見た自然界の働きは、「ウ」が鉱物界。「オ」は海や川といった水の世界。「ア」が空気や植物。「エ」が太陽、光や熱。「イ」が土壌や微生物となっています。

矢作　「イ」次元が、土壌であり微生物であるというのは印象的です。

今話題の感染症も、ウイルスという半生命体の微生物です。

はせくら　まさに。**「イ」次元は、創造主である伊邪那岐神の次元であり、宇宙の意思、生命**

の意思が直接包含されている次元でもあります。

その意味で、微生物というのは我欲を持たない、純粋知性でもあります。

言い換えれば、今、起こっている事象に向かい合うことで、「**あなたはどの次元を中心に生きますか？**」と問われているように思うのです。

矢作　「イ」次元の想いに、いかに応えていくかが肝ですね。

ところで、人間全体の意識が高まる方向に行こうとすれば、世界の人々は日本語を学び出すのでしょうか？

はせくら　そういうこともあるかもしれませんね。少なくとも今、私たちは、世界一難しい言語といわれる日本語をこともなく話していることで、図らずも、トラック内のインコースを走れていることになるんですね。

矢作　ショートカットですよね。

はせくら　はい。しかもそれが、精神と物質の仕組みを表す、宇宙の法則性とも繋がっていたものだったというオチつき。

矢作　昨今の流れを見渡すと、文部省が決めた、年端も行かない子どものうちから英語を必修にしていくというのは、実は相当な注意が必要です。

母語である日本語の意味が、きちんと分かってから習得していただきたいものです。

はせくら　日本語を理解した上で学ぶ分にはいいですけれどね。

矢作　魂を売らないよう、そして魂を込めて言葉を語っていきたいですね。

日本語は、現代の言葉よりも、大和言葉のほうがより魂を込めやすいですね。

はせくら　大和言葉は、日本人が古来より使っていた言葉で、別名「和語」とも呼ぶものです。

日本語は本来、一音一音に意味とエネルギーがありますから、その意味やエネルギーの質、方向性に沿って言葉が生まれている「大和言葉」は、やはり魂が込めやすくパワフルであると思います。

言葉の乱れは国の乱れ。言葉が乱れるということは、物事の秩序も乱れていくことに繋がっていきます。

思いを添えた丁寧な言葉を使うと、それに行動も引っ張られて丁寧になりますし、逆も然りです。

本当に基本的なことですが、そこから正していくことが、とても大事だと思っています。

この五母音を見ながら、最近、発見した面白いものがあります。

五母音を色として置き換えたもの（「ウ」が白、「オ」が黒、「ア」が青、「エ」が赤、「イ」が黄）なのですが、これを表現したのが海苔巻きだったんですよ。

矢作　日本伝統の食べ物ですよね。

はせくら　白はご飯、黒は海苔、青については、青色の食べ物はなかなかないのですが、日本では昔から緑も「青」と言っていましたでしょう。なので青（緑）がキュウリ。

赤は紅しょうがや桜でんぶ、そして黄が卵やかんぴょうといった具合です。

私たちは、この五つの次元、五つの循環を、昔から噛みしめ、咀嚼《そしゃく》しながら過ごしていたんですね（笑）。

矢作　海苔巻き一つとっても、意義深いわけですね。

古事記は言霊の働きを知る奥義書

矢作　ところで、古事記と言霊の関係性ですが、どのように捉えたらよいですか？

はせくら　はい。古事記は上巻《うえつまき》・中巻《なかつまき》・下巻《しもつまき》と分かれていますが、多くの神名が登場する上巻が、言霊についての解説書だったんです。

つまり、一音一音の言霊を神名として表し、物語の中で、それらが持つ働きや作用を暗喩している書といえます。

ですので、神話として物語を楽しむこともできますが、言霊の働きを知る奥義書としての読み方もできるのです。

読めば読むほど、いにしえびとの直観力と比喩力には脱帽します。

矢作　なるほど。そういうことだったのですね。

では、神代が終わり、天皇が即位する中巻以降はどうなのでしょうね？

私は、神武天皇から、半神半人だった十代の崇神天皇まで、さらにはその後の応神天皇、仁徳天皇あたりの十五、十六代までに、内容はかなり変遷していると感じています。

それで、古事記の変遷について、なぜ変わったのか、そしてどこが変わったのかというところを、糺《ただ》していく必要があるのではないかと思うのです。

はせくら　おっしゃられるように、神代の最初の部分は、そのまま残っているように思いますが、天照大神以降は、私自身も、ちょっとしっくりと腑に落ちない部分があるのです。

矢作　そこから後ですよね。

はせくら　神がどんどん人間臭くなってきているところから、うーん……となるんです。

矢作　ちょっと怪しいですよね。神武天皇までが、七代ということになっているじゃないですか。

天照大神、それからその孫の瓊瓊杵尊《ににぎのみこと》、そこからさらにひ孫の神武天皇と、このあたりが実はとても長いんです。

この仕組みは、今の人には理解ができないと思います。

魂が肉体を乗り換えながら時間が進んでいっている。瓊瓊杵尊も何回も出てくるし、山幸彦も何回も出てくるし、鸕鷀草葺不合尊《うかやふきあえずのみこと》もそうです。
　あの三代にわたるところが、一番変わってしまっている感じがします。

はせくら　海外で、ジュニアと付いた同じ名前の人がたくさんいるのに似ていますね。

矢作　そうですね。そして、本来の神武の存在意義、つまり神武が天皇となったのは、大調和の復活の仕組みを作るためだったというところが出ていない。
　そのあたりのことを史実として残すと具合が悪いので、小説というか伝説として伝えているんですよね。
　今の時代では、フィクションというかたちで認識させるくらいが限界なんでしょうね。

はせくら　作り話のような扱いですものね。

矢作　しかし、やはり正しいところと改竄《かいざん》されているところを、きちんと言っておかなくてはいけないかな、という感じはしますね。

最初のほうに関しては言霊的に綺麗に読み解けるので、そのあたりは改竄されていないのでしょう。

はせくら　改竄されていないというか、神様がたくさん出てきすぎて触れてはならないという雰囲気になっていた可能性はありますよね。

言霊としての原理を伏せたのが、十代・崇神朝のときといわれています。

矢作　やはり、崇神天皇の前後がちょっと違いますね。

はせくら　違うように感じますね。あくまでも直感的なものではありますが。

矢作　時々、ポツンポツンと、先祖返りするように戻す働きがあるように感じますね。正親町天皇《おおぎまちてんのう》のように、行き過ぎたらちょっと戻すという働きが見えます。

この方は百六代です。この時に意識を合わせると、例えば、「左近の桜、右近の橘《たちばな》」という言葉がありますが、御所では、天皇側から見たときにその並びになっていたので、自分に向かっている人から見たら左右が反対じゃないかと、お付きの人に言った覚えがあります。
すると、付き人は困っていました。
そのときはまだ子どもに近い歳だったので、そんなことを言ったのですね。

はせくら　人の立場に立って見ておられた……素晴らしいですね。
「左近の桜、右近の橘」は、帝様から見た左右の位置ですね。

高御座

そういえば、天皇の即位式にときに使われる、大嘗宮の高御座は、完璧な正八角形というわけではないって、ご存知でしたか？
どうやら、聖徳太子ゆかりの夢殿もそうなのです。
私自身、設計図を見て、定規をあてて測ってみると、僅かなズレ……「遊び」の部分があるんですね。

矢作　それは、フリーエネルギーのトーラスの原理の延長ですね。

神聖幾何学などでもおそらく同じかと思うのですが、ちょっとずつねじれることによって永遠性が担保できるのです。永続性を保つための歪みとなっているというわけです。

大嘗殿の高御座は、絶対にその少し歪めた形でなければならないので、職人さんがものすごく大変なんですってね。むしろ、完全な八角形を作るほうが楽ですから。

原初には、高御座は必要とされていなかったのです。おそらく、天皇が半神半人だったときに作ったのでしょう。

はせくら　すごいですね。実はトーラスというこの宇宙の仕組みが反映されているということなんですね。

矢作　神武天皇の時代とか、九代の開化天皇の時代もそうでしたが、宇宙の真理、といいますか、それを体現しているような存在の宇宙人と、直接交信していました。

はせくら　映画『コンタクト』みたいですね。

矢作　あの映画を、もう少しリアルにしたような感じですね。

天皇は、常に宇宙の真理と繋がっていました。

それを全国に広めるために、**バイロケーション**といって、離れた場所に意識だけ飛ばして自身を物質化することによって、出現していたのです。そうやって、各地に種を蒔いていたのですね。

神武天皇がそうしていたのは、第四代の懿徳《いとく》天皇が初めて橿原《かしはら》に行くのですが、そのための地ならしだったんですね。

はせくら　言霊の中でも、地ならしはしていますね。

まず枠組みを作る意味で、空気を作るために蛭子が生まれます。

蛭子は不具の子とありますが、本当は失敗作ではなく、そこの地ならしになくてはならない大切な存在だったのです。

矢作　神が失敗するわけがないですからね。

はせくら　まずは、そこの場を作ることから始めたのですね。

例えば、人が暮らしを営んでいくときに、何かを失敗したとしても、それは失敗と捉えずに、**経験値を積めた、地ならしができた**と思えれば、意識もまったく変わりますよね。

矢作　はい。本当はすべてに理由がありますから。

個に乗っている様々な意識とは？

はせくら　矢作先生は、とてもリアルに記憶をお持ちですよね。

矢作　うーん、どうでしょう。

実際には、思い出すということなのか、単純に意識がそこにアクセスしているだけなのか、ちょっと区別がつかないですね。

思い出すきっかけも、場合によっていろいろです。

誰かが言った何かを聞いているときに、必要があれば、解といいますか答えなどが降りてくることがあります。

それが、自分の中のいわゆる分け御霊の記憶なのか、俗にいうアカシックレコードにアクセスしているのかは分かりません。

ただ、答えとしてポンと出てくるのです。

「天皇とはなんのためにあるんですか？」

「大調和の実践のため」とか。

そういうことは、どこにも書かれていないかもしれません。

それが記憶であるのかどうかは分からなくても、ただ言えることは、必要があればリアルにイメージがくる、そんな感じです。

はせくら　私もいっしょです。単純に、過去生で経験した、というようなことではないのですよね。

矢作　例えば、自分が他界したとします。そうすると、今、個に乗っている様々な意識、分け御霊と言い換えてもいいですが、それが向こうではそっくりそのまま、バラバラでもトータルでも認識できるのですね。

矢作　それから、この世でAさんという人と仲良くしていて、時を同じくして二人とも亡くなったとします。

そうすると、Aさんとしての意識もすぐに出てきますし、Aさんの中に入っていた様々な人の意識、Xさん、Yさん、Zさんなどの意識も出てくるんです。認識できてしまうのですね。

これは足し算ではなく、雲のように千変万化するものとして捉えられます。

はせくら　新しい見方ですね。

矢作　足し算でしょうとよく言われるんですが、実はその質問の意味がよく分からなかったんですよね。

自分の実体験というほど大げさではなくても、常に認識としてありましたし。

はせくら　体感的に知っているということですね。

矢作　いくつもの意識が入っていますし、あちらの世界に行ってもそのまま認識できるので。

はせくら　一般的な捉え方では、1＋1は2みたいに、物質的な感じなのですよね。

矢作　そうです。私としてはむしろ、一般には理解されていないことを知って、意外に感じました。

それで、簡単な模式図にしたのです。

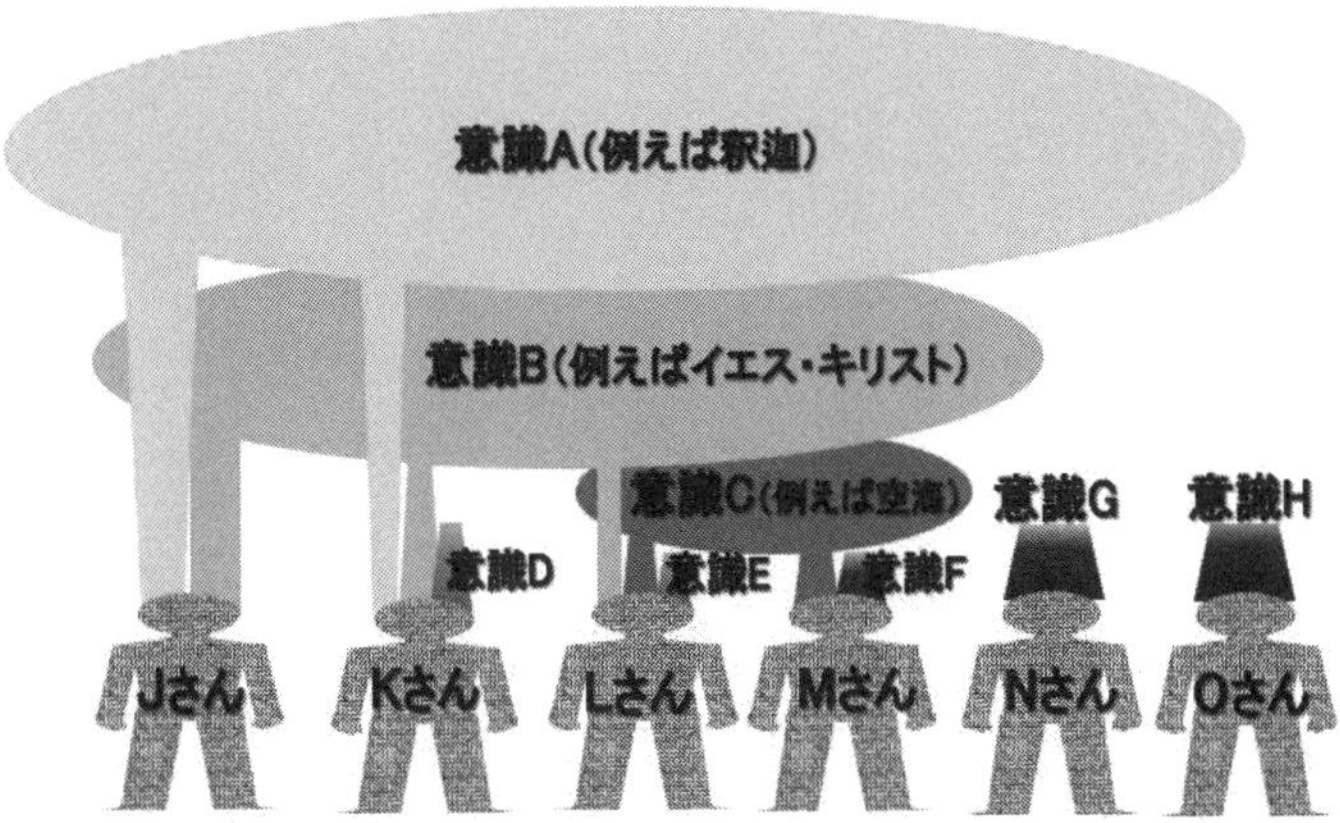

本当はもっと煩雑なんですが、簡略化しています。

はせくら　なるほど。個別化された自己の中で、いくつもの意識が生きているということですね。

パート3

神知《かんじ》て、神帰《かんがえ》ることが人たる所以《ゆえん》

（対談　第三回目）

「無知の無知」を自覚することの大切さ

矢作　対談の最後に、あらためて新型コロナウイルスを題材にして、皆さんの感覚や思考がどのように歪んでしまうのか、というお話をしましょう。

今、洗脳にかかったり、集団ヒステリーを起こしている方が大勢いらっしゃいますが、その過程をどう解釈するかというお話についてです。

はせくら　今、一番興味深い話ではないでしょうか。

いろんなことがいつの間にか新しい「当たり前」になっていて、「知りえていない」ということにさえ思い至らない、気がついていないという、「無知の無知」になっていると思います。

矢作　まさに。「無知の無知」という言葉は、別のところで私も言ったことがあります。

人の思考パターンを、「自分中心天動説」と嫌味なネーミングをしているのですが（笑）。

要は、自分というものを中心に、自分の視野から外を見るということです。

はせくら　自分中心に天が回っているということですか？

矢作　今時、天動説を真面目にいう人はいないと思うでしょうが、ほとんどの人の思考が天動説なんですよ。

「そんなことはあるはずがない」という発言があったり、自分が信じているもの以外はかたくなに受け入れなかったりといったような。すごく自己中心的じゃないですか？

はせくら　「ありえない」とかいう言葉を、よく聞きますよね。

矢作　つまり、自分の認識や経験が中心になって物事を見ますよね。

そこには当然、「無知の知」がないわけです。

はせくら　「無知の知」があれば、それを自覚しているからこそ謙虚にもなります。

その謙虚さのもとに、もっと知識の幅を広げようとすると、さらに分からなくなっていくということもありますよね。

矢作　それがまさに、「無知の知」です。

はせくら　もっと謙虚にというのは、もっと真摯にも自然にもなりますが、「俺は知っている」と錯覚していると、ふんぞり返ってしまって……。

矢作　思考停止が起こりますよね。

「自分中心天動説」というものには、思いの癖というか、思考の特色があります。

それが、すべての出発点なんですね。

すでに病気なのに、その病識がないのがまずいです。

はせくら　病識とは？

矢作　例えば、統合失調症のような精神病を患っている人はよく、「俺は正気だ」と言うんですよ。

もしかして自分は精神病かもしれないといって、自ら病院に来る人ばかりではありません。

つまり、連れて来られるんです。

はせくら　そうなんですか。自分が認めて来るわけではないのですね。

矢作　もちろん、そうでない例はありますが、やはり基本は、周りの人が気づくことによるんですね。

こういう精神病の場合、周りの人より本人が先に自分の病気に気づくというパターンは、見たことがないですね。

親御さんに、「俺はたぶん精神病だから、病院に行くよ」と言っていっしょに来る人は、見たことがないです。

はせくら　例えば、うつ病はどうでしょう？

矢作　軽いうつぐらいだったら、自ら来院されることもありますね。
今の話は、あくまでも統合失調症ぐらい難しい病気についてです。

断捨離をなさった上皇、上皇后両陛下の記事

矢作　おそらく、今の社会も、それの延長なのです。

私の知り合いに、もう長いこと皇室ウォッチをしている80代半ばの女性がいるんです。もともとは、皇族関係のジャーナリストでした。

彼女は、一般の人からは見えないようなところに日を当てて、皇室の記事を書いていたんです。

ネットで公開したある記事の中では、上皇、上皇后両陛下が皇居からお引っ越しなさるときに、たくさんの物を断捨離されたということにも触れていたのです。そうしたら、コメン

ト欄が荒れてしまったんですね。

一つは、我々の税金でたくさんの物を買うという、そんな贅沢をするとはいったいどういうことか、と。

はせくら　それは誰が書くんですか？

矢作　一般の人からのコメントですね。

そしてもう一つは、断捨離をするのだったら、自分の孫を断捨離しろ、と。眞子さまのことです。

知らないというのは怖いことですよね。

もともと日本が存在できているのは、皇室があるからなんです。これは、世界を動かしているレベルの話なんですね。

もし天皇がいなかったとしたら、今頃、日本はどこかの属国になっていたでしょう。

税金うんぬん以前の話です。

はっきりと言うわけにはいきませんが、世界の経済は天皇のおかげで成り立っていると言えます。

そういうことも知らずにそんな文句を口に出すのは、いわばお釈迦様の手の上であがく孫悟空、もちろん、それ以下ですよね。

はせくら　まあ、**川下《かわしも》だと、川上《かわかみ》で何が起こっているのか分からない**わけですからね。

それは仕方がないと思うのですが、それにしても愛と思いやりは人として持っていたほうがよいのではないでしょうか。

もし自分の身内を断捨離しろと言われたら、という想像力もないのですよね。

そうした悪意とは、いったい何なんでしょうね。

矢作　本当に何でしょうね。やっかみとか意地悪とか……。

はせくら　自分の環境と比べると、妬ましい、羨ましい。

矢作　記事のポイントは、断捨離をされる際に、ご自身が亡くなられたときのことまで含めて、どのようなお考えを持たれているかということなのです。

乳がんの手術をされた後、抗がん剤の影響により左手が不自由になり、お好きだったピアノも弾けなくなったということに関して、上皇后は、「今でも残っている機能は授かりもので、失くした機能はお返ししたもの」とおっしゃっているのです。

本来でしたら、そういうところに感動するのが普通かなと思います。

コメントを投稿した人たちの言い分は、例えば綺麗な人の姿を見て、「スタイルがいいね」とか、「目が魅力的です」というところを、「履いている靴の色が褪せていて汚いですね」と言っているようなものでしょう。関係のないところを、ことさらあげつらっている。

もう、驚くしかないような話です。

はせくら　これが、「自分中心天動説」かな。

矢作　そうじゃなければ、そんな言葉は出てこないですよね。

つまり、自分が見たいところのみ、見たいように見るわけです。

例えるなら、富士山に行ったのに、1合目の入り口にある石一個を見て、「これが富士山だ」と言っているようなものですよね。

はせくら　宇宙の広がりから言えば、自分が持っている認識の世界は小さいものです。

それを分かった上で、ベースには優しさを持って世界を広げていく。

愛や思いやりなしに世界を見渡すというのは、あまりにももったいないというか、寂しいなぁと思います。

PCR検査で陽性と判定された人、即感染ではない

矢作　今回の新型コロナウイルスは、最初は何か分からない感染症というところから始まり

ましたが、２０２０年2月には正式にCOVID-19と命名されました。

そしてもう一つの病名が、「新型コロナウイルス感染症」になっているわけですね。

一般報道では、２０１９年12月8日が、中国の武漢で新型コロナウイルスの感染者が最初に発症した日とされていますが、もっと前に、少なくとも中国では漏れていて、論文も用意されていたようです。

今回の新型コロナウイルス騒動を、高次でのグレートリセットという言い方をする人もいますが、それはいったん置いておきましょう。

緊急時だけだったら分かるのですが、今に至るまでＰＣＲでのスクリーニングを続けているわけですよね。

一回目の対談でも少しお話ししましたが、もっと詳しく述べますね。

そもそもＰＣＲ検査とは、遺伝子情報の特定の領域をポリメラーゼを用いて増やして、超微量な病原体（ウイルス）の痕跡を探すという方法です。

ＰＣＲ検査の精度については、専門的に言うと、「感度」と「特異度」という二つの尺度があるのです。

はせくら　「特異度」というのは何でしょうか？

矢作　臨床検査の性格を決める指標です。「ある検査について、陰性のものを正しく陰性と判定する確率」のことをいいます。「真陰性率」というほうが分かりやすいかもしれません。対して「感度」というのは、「感染している人に検査をして、正確に陽性であるという結果が得られる割合」のことをいいます。

問題なのは、その検査対象が、ほぼ感染症の症状を呈していない場合です。

はせくら　いわゆる無症状ということですね。

矢作　無症状の人、あるいは他の病気にかかっていることで陽性に引っかかってくる人もいるので、本当の感染者の数は特定できません。

実際に症状があって、感染が疑わしい人だけを検査すれば、特異度、感度ともに高い数値が出るということなんですね。

だから、症状がある人が検査を受けて、実際に陽性だった、逆に症状がない人は本当に陰性だった、ということは確認できるのですが、無症状の人をたくさん検査すると、確率論の話になってしまうのです。つまり、「偽陽性」が多く出るということです。

これが、この検査の本質です。

しかし、今（２０２１年９月９日現在）までに、累積で２３００万件ぐらい検査していると思いますが、陽性の人は累積でたかだか１６１万人弱なので、わずかに7％です。

また、９月９日当日に「入院治療を要する人」は15万人です。つまり、この数字は人口の０．12％です。

「大衆は、何度も繰り返されると信じてしまう」

矢作　我々の世界ではよく起こりがちなのですが、間違えるという方向に無限の可能性があるということです。

真理というものを掴むに至る道は非常に狭く、分かりにくいということがあると思うんです。

重要なことは、正しい情報をきちんと得て、ベースにした上で考えていかないと、まったく見当違いの方向へ行ってしまうということなのです。

今回の新型コロナウイルスに関しては、こういったいくつもの落とし穴があるのをまったく無視して、議論をしているわけですよね。

はせくら　うーん……、落とし穴だらけです。

矢作　論理思考をする人であれば、まずは「新型コロナウイルスとはいったいどんなものなんだろう」というところに思いを致すでしょう。

けれども今、「新型コロナウイルスのことをどのくらい知っていますか？」と聞かれたら、どれだけの人が答えられますか？

このウイルスの感染症がどんなものかということは、誰でも調べれば分かることです。

用心深い人であれば、最初から何か変だなと疑問に思うはずです。

はせくら　しかし、こういうことはありませんか？

「あれ？」と疑問に思って調べる。そして、人が常識のように言っていることに対して違和感を持つようになり、深く広く真実を探すようになる。

しかしそれを人に言うと、陰謀論と一蹴されてしまうので、それ以上言いづらくなります。

そして、またしても思考停止が促され、それがより無言の同調圧力と言語統制へと繋がっていく空気が増していく、というものです。

矢作　そうですね。

ただ、まずは最初に「何かおかしくないか」と疑問を持つところからだと思うのです。

例えば、オレオレ詐欺も、そうした詐欺があるということを知らなければ引っかかる可能性はずっと高くなってしまいますよね。
引っかかった後は、「どうしてこんなのに引っかかってしまったのかな」と反省があり、次にはもう少し用心するじゃないですか。

ところが、新型コロナウイルスの騒動って、考える隙を与えないんです。疑問を抱く間もなく、詐欺だと気づかずにまた引っかかって、それを繰り返すわけです。騙され続けているのですね。

それはもう、椀子そば状態です。次から次へと有無を言わさずに食べさせられてしまう感じ。そうすると、洗脳状態になるわけですね。いみじくもヒトラーも言っていました。「大衆はそれが嘘かどうかに関係なく、何度も繰り返されることを信じてしまう」と。まさに、そっくりそのままなのが今の状況ですね。

はせくら　戦時中みたいな雰囲気に。

矢作　そう、大本営発表です。

はせくら　何か変だなとは思わないものなんでしょうか？

矢作　繰り返されると、それが当たり前になってしまう。変だと思わない人が大勢を占めてしまうと、集団ヒステリー状態となるのです。

はせくら　世論って大事ですね。

矢作　そうですね、集合意識ですから。

数字は思考を停止させる罠

はせくら　一人の力というとないがしろにされがちですけれども、まずは**一人から思わねば始まらない**ですよね。

一人ひとりが疑問を持ち、本当に良いと思われるものや方法を選択する。自分なりにできるアクションから始めるという、地味だけれどもその積み重ねが、今こそ大事ですね。

新型コロナウイルスにしろ何にしろ、思うことを言うということ、そこには意図があるのですよね。

語る人や書く人の意図や思いがあるということを理解した上で聴く、読む。

その中で疑問を持ったことを自ら調べる、そして行動に移すという積み重ねで、少しずつ認識の幅が広がっていきます。

それを一人ひとりがやり始めたら、本当に強い力となって変わる気がします。

矢作　はい。それと、今は、自由主義というものが履き違えられていますね。

人々が数をなして動く民主主義と、自由主義とは、分けて考えないといけません。

権利は責任義務よりも大事だ、というふうに勘違いされる傾向にありますが、本来の自由主義というのはそうではありません。

自由主義とは民主主義と対立するもので、民主主義のように、数の原理ですべてが動くことを必ずしも是としないところに存在意義があるのです。
天安門事件のときに、戦車の列に向かってただ立っている勇気のある学生が、「無名の反逆者」と呼ばれるようになった象徴的な写真がありますが、あれは、自由主義的行動です。

はせくら　数の原理って、ときとして暴力的になりますものね。

矢作　51対49だったら、51が正しいことになってしまうわけですからね。

はせくら　自由主義というのは、数というよりは個が重要になりますので、見えないレベルでより真理に則ったことをするときは、抽象度が高くなる分、どうしても理解度が下がってしまうんです。だから、自由主義の人は少なくなるんですよね。

矢作　自由民主主義とかいって、いっしょにしてしまえばいいという呼び方が通用しているのは、適切ではありません。

はせくら　そうだと思います。例えば、最初に対立する概念があったとしても、それは敵同士ということではないんです。対立するということは、より良くするために考える余地であり、素材であり、膨らみなんです。

けれども、最初の時点で視野を拡げることができずに停滞してしまうと、単なる二者選択になってしまって、ものすごく単純化していくんです。

世の中というのは白黒ではなくて、大半がグレーです。

きっちりと分けられないことのほうがほとんどなんですよ。分けられない、正解がない、モヤモヤしているカオスであって、それを理解した上でこの世界を生きると、必ずしもすべてをはっきりさせなくていいということが分かるんです。

しかし、拡がりのない視点から見てしまうと、「答えがないのは間違いである」となってしまうんですね。

それが、「行間を読まない、文字だけを見る」ということです。高じれば、「電子レンジの取説に猫を入れないでくださいとは書かれていなかったから、シャンプー後の猫を乾かそうとしてレンジの中に入れてしまった」なんていう、信じられない話になるわけですよ。

もとを正していけば、認識力の劣化と、そして何でも数字で測ろうとすることがいかに根拠のないものかが分かると思います。

一見、**数字はすごく論理的に見えますが、実は思考を停止させる罠でもある**と思います。数字は、いくらでもスケールを変えて、それらしく見せることができますからね。

矢作　テレビでよくやっているやつですね。

はせくら　これも一つの印象操作です。

矢作　本当ですよね。社会が元気に狂っているような。本来だったら、社会ってもう少し健全じゃないといけないと思うんですが。

はせくら　そうなんですよ。

数の原理で、暴力的に繰り返されるアラーム音を聞かせられていて、狂った方向に行くというのが今の社会です。

だからこそ、一人ひとりの個の力が大事なんです。

確かに、新型コロナウイルスの蔓延で、鎖国時代に逆戻りしたかのように国外にいくことは難しくなってしまいました。とはいえ、インフラは整備されているし、ネットを使えば、即、世界と繋がることもできます。

そんな中で、いかに意識的に情報を取り、自分の頭で咀嚼し、考えていくかの訓練が必要だと思うのです。

そう考えると、今は、レッスン課題が次々と来るので、鍛えるには良い時期なのかもしれません。

矢作　そうですね。前向きに捉えて、訓練していけばいい。

はせくら　問題解決能力とか情報収集能力というのはＡＩが得意とするところなので、ある程度までお任せするとして、ＡＩができないこと、つまり、「問題そのものを見つけようとする力」、「何が問題なのかを理解する力」を養っていかねばならないと思っています。

矢作　問題を入力しなければ、ＡＩは動きませんからね。

はせくら　そうです。行間の奥にある思いを読むというのは、私たち人間の得意技だと思うんです。そうした訓練をするのに、今は絶好の時期です。

ＡＩといえばSiriとかAlexaとかいろいろありますが、最初は面白いと思ってしゃべってみても、わりとすぐに飽きますよね。

矢作　飽きますね。

はせくら　なんで飽きるのかなと思ったら、私たちは普段、ＡＩには計りきれないくらいの**変数**を、コミュニケーション上で扱っているからです。

例えば、「ありがとう」と言われたとき、それが本当に心からの言葉なのか、それとも単なる社交辞令なのかは、人なら分かりますよね。

どのぐらい心をかけたか、そしてどのぐらい満足したかというものを数値化するのは無理なのです。

しかし、二者択一で生きている人は、無理にでも数値化したり、エビデンスを得ようと邁進するのです。

すると、徐々に行間を読む力がなくなっていって、それこそＡＩに使われる側になってしまいます。


矢作　そういう意味では、今のままではちょっと危ないですよね。

ところで、保健所に電話をかけて、

「今、感染拡大と言っていますけれども何が根拠になっているんですか？」と聞いた人がいるんです。

回答はどうだったかというと、何も分からなかったのです。

保健所の人は、仮にも電話で応対する以上、新型コロナウイルス対策などについて、ある程度の知識がないと困ると思うのですが、まったく何も知らなかったのです。

何も分かっていないのに、職務をまっとうできると思えているのがすごいですよね。

会話の録音も聞いたのですが、電話に応対した人は、「分かりません」というだけなんです。それで、質問者が「こういうことですか？」と考えられることを言っていくと、「はあ」と返事するだけなんですね。

最初は演技でそう答えているのかと思ったんですが、どうも大真面目だったようです。

神知《かんじ》て、神帰《かんがえ》ることが人たる所以《ゆえん》

はせくら　先生がおっしゃったことを、自分なりの言葉で書き換えてみました。
五感と理性を持って俯瞰するというのを、スピリチュアルな世界ではよく「考えるな、感じろ」と言います。

しかし、感じるだけの人と話すのは、それはそれでけっこう気を使うんですよね。

例えば、空気がフワッと動いたときに、「スピリチュアルな存在がメッセージをくれている」。

それはこういうことだろうといって、主語が置き換えられていくことがあります。

私としては、単に風が吹いただけじゃないかなと思ったりもするんですが。


やはり、「感じる」と「考える」とのバランスが大切だと思うんです。

自らに落とし込んで感じるという世界が大切で、これは五感がもたらすもの。

一方で理性というのは、考えること。思考というのは、前頭葉が発達している人間ならではの高次の機能ですから、そこをしっかり使う。


この二つのベクトルをちゃんと組み合わせて、自分で納得解を見つけていくのです。

その納得解は常に一定ではなく、時や場所、状況と共に変わってゆく、変動するものであるということを理解した上で、その時その時で最適解を見つけ出していく、それを繰り返して鍛錬する必要があると思うんです。

言葉遊びで考えてみると、**感じるというのは神知《かんじ》るということ**です。そして、**考えるというのは神帰《かんがえ》るということ**。

両方とも、神様の分け御霊の私たちに与えられた、英知だと思っているんです。気づいたことを極めようとしていく努力を怠ってしまうと、本当に人が人たる所以《ゆえん》がなくなってしまう気がします。

矢作　今、世界が集団ヒステリーになっているのを見ると思い出すのが、ディズニーのドキュメンタリー映画『白い荒野』のネズミです。レミングという種類のネズミたちが、水に飛び込んで集団自殺するのです。

みんなであれをやっているような感じです。

落っこちるというのは、ワクチンで死ぬこともあるという意味ですが、二者択一の末路はそうなってしまうわけですね。

はせくら　ワクチンのことも、表立っては語りづらい空気ですものね。

矢作　結局、分断、孤立、管理をしようとしている体制側の思惑通りですね。

神を知る、神に還るのにもう一つ重要なのは、第六感ともいいますが、高次元と繋がるということ、つまり、中今だと思うんですね。

一所懸命何かに集中する人は、おそらくこの状態になっている。どんな分野でもそうです。


はせくら　今、この瞬間と寄り添う生き方をしていると、自動的に天の意に沿う生き方――つまり、「かんながら」（神の意のままに）になってきます。

そうした「天」の力が最も働く場が、今・ここ――中今の中にあるんですね。

では、今、この瞬間の中今の中で、新型コロナウイルスに意識を向けると、どんなことを語っていると思われますか？

矢作　そうですね。新型コロナウイルスからのメッセージがあるとしたら、「敵対しようとしていません。答えは、あなたの中にあるんです」ということのように思えます。
つまり、心の持ちようによって、免疫力や固有振動数を上げて、ウイルスなどの感染症にもかからなくなるということです。

はせくら　やはり、**心と体のバイブレーションを上げることが大切**なのですね。

矢作　はい。心身が健やかであれば、感染症にかかる可能性はぐっと低くなりますからね。

感染者では、オールドメディア系の人が多かったですよね。

そういう方はメディアでの露出が高いので、一般の人と比べて多く感じるというバイアスはかかっていますけれども。

忙しかったり、生活する上での時間が不規則なイメージの職業ですが、やはり少し無理をされることが多いように思います。

そして、仕事なので間違ったことも発言せざるを得なかったり、実際、間違っているとも思っていない方もいるでしょうが、自分の本質の部分はその間違いを知っているので、内なるところで葛藤があるはずです。

はせくら　人には「良心」が備わっているので、感じないふりをしていても、意識の奥では、ダメージを受けてしまうのかもしれませんね。

では、あらためて……マスクに関してはどうですか？

矢作　文部科学省が作っている、「学校の新しい生活様式」というタイトルの衛生管理マニュアルがあるんですね。書かれている指示について徹底してくださいと、文科省が指導しているものです。

内容は違和感だらけなのですが、そこに書いてある内容を一言でいうと、マスク信仰です。

はせくら　信仰ですか。

矢作　そうです。マスクをしなければ話もできない。

マスク以外でも、席と席の間にパーテーションを立てるなど、分断、孤立そのものです。

あれは、スーパーコンピューター富岳による、飛沫感染のシミュレーションを意識して作成されたみたいですね。

あの映像はあくまでも極端な例で、ウイルスを含んだしぶき、飛沫の広がりなんですね。飛沫がものすごく広がっているように見えますが、そこに含まれているウイルスなんて数少ないわけですから。

あれだけを見たら、まるで飛沫がすべてウイルスでできているような錯覚を抱いて、驚かれる人も多いでしょう。

あれで、かなり洗脳したわけですよね。

はせくら　口から出ているわけですから、体内で菌を生成しているような見え方ですよね。

矢作　そこがもうおかしいと、本当は感じないといけないわけです。

専門的なことを言えば、どれくらいの量のウイルスが体の中に入ると感染してしまうのか？　という視点で捉えなくてはいけないのに、そこは吹っ飛んでしまっているわけです。

はせくら　新型コロナ以外のウイルスも含めて、菌すべてを敵にしているような感じですよね。

矢作　すべて敵ですね。自然の一部として我々がある、自然の一部としてウイルスがあるというのがまっとうな捉え方で、本来は、共生関係にならなくてはいけないのです。
ウイルスすべてが消えるはずはないですし。

子どもが健全に育つために大切なことはなにか

はせくら　その衛生管理マニュアルでは、マスク信仰の他に、何が書かれているんですか？

矢作　「しゃべらない」ということ。余計なおしゃべりはするなということですね。
ご飯のときなんか、楽しいから普通はみんなしゃべるじゃないですか。
それを、黙って食べろというわけです。

また、授業では、マスクをして教師から発言を促されたとき以外は口をつぐみ、授業を聞いていろということです。

音楽の授業でも、歌は心で歌いましょうという指導もあるようです。

不自然な授業しかできない先生方のほとんどは、もはやマスク信仰にどっぷり浸かってしまっているのではないでしょうか。

他にも、学習指導要領という、これまた長い文書があるんですね。先のマニュアルとは別に、この要領に沿って現場に指図をしているんですね。

はせくら　成長期の子どもたちへの影響が懸念されますね。

矢作　子どもが健全に育つには何が一番大事か、ということを念頭に置いたときに、マスクをすることよりも大事なことがあります。

例えば、最新のマニュアルのバージョン6というのが4月28日付で出されています（＊5月4日・6月19日改訂）。

16ページの「新しい生活様式」の実践例の、感染防止の3つの基本の「②マスクの着用」のところで、「人との間隔が十分とれない場合は症状がなくてもマスクを着用する。ただし夏場は熱中症に十分注意する」と書かれています。

はせくら　また「玉虫色」ですね。

矢作　文科省の生活指導の指針は、首長レベルから教育委員会に下ろされます。今、教育委員長の任命権限は首長にあり、首長、教育委員会、学校という三層構造になっています。

減点主義なので、下にいくほどガチガチになってしまう。ゼロリスクかつ減点主義で行くと、ネガティブな事象は、極端に言えば１００万回に１回でも許されないので、過剰防衛に走るわけですね。

子どもにはほとんど感染しないし、重症化するのも非常に稀なことなのに、万一感染させたら学校のせいにされてしまうから、責任を追求されないためだけにすべての子どもたちを犠牲にしているかのようです。

だって今、コロナで亡くなっている人は、ほとんど高齢者なのですから。

しかも、亡くなった原因が本当に新型コロナウイルスだったかどうかは、今の統計の取り方だと分からないんです。

知り合いの弁護士が、その裏をとるための情報公開請求を出していますが、たぶん答えは出てこないと思います。

はせくら　海外では出ているところがありましたね。

矢作　海外ではありました。日本では、そんな気の利いたことはなかなかできません。

死亡診断書というものは、医療現場ではかなりの誠意をもって書かれています。診断書には、死因を記入する欄が四つぐらいあるのですが、まず、直接死因が書かれています。

その下にも、直接死因と関係なくても、経過中に生じた事象を書く欄があるのですが、新型コロナウイルスについて、ＰＣＲ検査で陽性だったと書かれることがあります。

2020年6月18日に厚労省から発出された指導では、直接死因と関係なく、新型コロナウイルスで陽性だった人の死亡の全数を出してくださいといっているのです。

これでは、直接死因が何であっても、新型コロナウイルスで亡くなったように置き換えようと言っているように見えます。

話を戻しますが、子どもの健康に一番大事なのは何かということですよ。

新型コロナウイルスで子どもは絶対に死なないという確証はありませんが、2021年9月7日現在でも20歳未満のコロナウイルス感染を原因とする死亡者は、基礎疾患を持っていた一名だけです。

つまり、小中学校の生徒で、新型コロナウイルスが死因の死亡診断書を書かれている人は、日本広しといえども一人しかいないということです。

その中で、このマニュアルのような不自由なことをさせることのメリットデメリットを考えれば、デメリットのほうがよっぽど大きいと普通は感じるはずです。

感染者が出たとしても、インフルエンザみたいに学級閉鎖にすればいいだけじゃないですか。

はせくら　ひたすら、怖いものとして繰り返し流されますからね。

矢作　洗脳力ですね。それで思考停止し、そのまま非論理的で歪んだ思考のまま行動するのでしょう。

それが、集団ヒステリーを引き起こす。

大いなる命の輪の中にある自己

矢作　では、なぜ洗脳されるかと言うと、基本は、不安からきています。

例えば、きちんとこの世でのお役目を終えて、あちらに帰れるのだったらラッキーというような発想があれば、死に対しての不安などないはずです。

はせくら　やはり、**死生観**に行き着くわけですね。死＝負けることだと思う感覚ですか？

矢作　あるいは、死ぬといなくなってしまうと思っている。でもそれを論理的に考えると、死んだら消えるのだったら、この世でどれだけ悪いことをしたっていいわけですよね。良心なんかいらないじゃないですか。では、なぜ倫理観というものが必要なのでしょうか？　普通に考えたら分かりますよね。それなのに、論理思考を放棄してしまっているのです。

はせくら　論理思考というのは、どういうことですか？

矢作　単純に現象論で言うと、この世で生きることを、一応是としているわけですね。そして自分も他人も含めて、生きることを邪魔するものは、悪としているわけですよ。他人に危害を加えたり、殺したりしてはいけませんという。そうして法体系を作っているわけです。

しかし、もし生きるのがこの世きりだったら、それは後腐れのない、幻のようなもの。

だとしたら、別に何をしたっていいわけじゃないですか。

はせくら　犯罪を犯す自由もある、のような捉え方ですね。

でも本当は魂は継続するから、その前提で考えないとへんてこなことになってしまう。

例えば、古事記を読んでも神道のお祓いを見ても、命は生き通しなんですよ。

決してなくならない。最初からあるんです。

古事記の最初の記述では、「天地初發之時（あめつち　はじめて　ひらけしとき）、高天原成神名（たかあまはらに　なりませる　かみのみな）」を、天之御中主神としています。

つまり、最初に天地という大宇宙があって、その大宇宙から意識が生まれ、それを天のミナカと呼んだということです。

その中心となる主の、神降ってきた姿が我なのです。

最初から宇宙があって、ずっとなくなっていませんから、その宇宙を命と置き換えたとき、過去から今のこの瞬間まで、命はずっと生き通しで、私たちの中にあるということになります。

だから、死ねないのです。

矢作　そうですね。

はせくら　**死は切り離された一部ではなく、この大宇宙の自然な営みの循環の中にある様態の一つ**です。

その**大いなる命の輪の中にある自己**を思うと、また変わってくると思います。

矢作　山あり谷ありの人生の全体を見ないで、一部だけ切り取ってしまうと、我々の生存意義も分からないわけです。

生きるという舞台から落っこちまいと頑張る人がほとんどですが、本当は、フィールドは無限にあるのです。落ちようとしても、それはできない。

それが分かれば、様々な活動ができるはずですね。

はせくら　可能性も広がりますよね。

逆に言えば、そうした無限の命や大宇宙という視点に立てるということを知るチャンスとして、今のコロナも含めた状況があると捉えられないでしょうか？

矢作　おっしゃる通りですね。自分を通して見れば、大宇宙までもが見えるわけですからね。

要は、自分の外に見ようとしたら見えません。

自分を通す、それを内観という人もいるかもしれませんが、素直な人なら、直感で分かるのですね。外に視点はない、自分の中ですべてが繋がっている……。

量子論的にいえば多次元世界を体感できるような、そういう感覚です。

はせくら　思いの数だけ世界はありますし、思いが変わった瞬間、また世界は変わります。

そのぐらい可変性のあるものだという認識がほしいですね。

それを、単なる精神論や、いわゆるスピリチュアルのお話で、現実逃避の道具としてしまうのはあまりにもったいないことです。

本当は、そこにただ横たわっている真理がある、そのことに気づくかどうかが大切なのです。

気づくというのは、認識に幅があるということであり、抽象度を高くした概念を持てるかどうかということでもあると思うのですね。

見える世界というのはどうしても、分断された事象となりますが、事象の抽象度をより高めると、人は「地球に住む人」というグルーピングができます。

より広い視点から見て、地球という世界の一部で生きているということを知るだけでも、世界の見方があっという間に変わりますよね。

また、例えば鳥の視点はどうだろう、サバンナの動物の視点はどうだろう、ペットの猫の視点はどうだろうなどと考えると、人間が見ている世界とはまったく違ってきます。

イルカだったら可聴域も違うので、それもまた、別の世界でしょう。

そういったことに少し思いを巡らせるだけで、瞬間的にものすごく豊かな世界が広がりますよね。

どんなに体を縛ったとしても心は自由ですし、思考も自由なのです。人はそんなに弱くない。

今、外が閉塞的であればこそ、内を充実させるチャンス到来なのですよね。

逆に、八方塞がりにすることで内部を充実させて、内からのパラダイムシフトで爆発させることを、宇宙は望んでいます。

宇宙を、地球の意識と言い換えることもできますね。

私は、「**アース・アセンディング**」という言葉を使っているんですが、地球自体の意識が、この宇宙の優良生の仲間入りをしようともがき始めている最中なのです。

当然、そこに住む生命体である私たちも、宇宙の調和の意識へと、物の見方や生き方、すべてのパラダイムシフトを起こさないとついていけないところまできていると思うんです。

その流れにぐっと押されるように、今の現象が起こっていると見ています。

矢作　即物的に、ウイルスがいつ終息するかというような視点ではありませんよね。

はせくら　そうですね。役割を終えたら終わるという視点かもしれません。

矢作　結局、これに気づいたら、ウイルスは消えるでしょう。

「やった！　僕たちのお役目は終わった！」と言って。

正確に言うと、気づいた人の振動数が変われば干渉できなくなってしまう、存在できなくなるのですよね。

はせくら　そこですよね。ウイルス不感症になれる。

「波動」というワードを使うことでスピリチュアルのくくりでまとめられてしまうのは避けたいですが、それでもこの世界がこのバイブレーションでできている以上、周波数が合わないものは干渉できないんですよね。

矢作　ということは、存在しないのと同義ですね。

はせくら　例えていうなら、私たちが使っているスマホも、山のようなアプリがあっても実際使っているものはその一部ですよね。

たとえインストールしたとしても、結局、使い方が分からなかったり、使う機会もなかったり。
　そうなると、そのアプリは存在しないことといっしょになってしまう。つまり、自分が認識した世界しかこの世には存在していないという理論です。

矢作　「人間原理」という世界ですね。

はせくら　はい、そうです。

「無知の知」の可能性の海に浮かぶ楽しさ

はせくら　ところで、二十世紀以降の感染症の歴史についても、もう少し詳しく教えていただけますか?

矢作　第二次世界大戦の頃を考えれば、感染症が猛威を振るっており、例えば結核だけで今の人口に換算して実に毎年30万人も亡くなっていたのです。
昭和23年にストレプトマイシンという抗生物質が入ってくるまでは、日本でも大勢の方が結核で亡くなっていたわけですよ。
結核は細菌が原因ですから、ウイルスと違って、体が丈夫だったり、免疫があれば大丈夫とは言えないわけです。

はせくら　ウイルスだったら、自分が強いとある程度は大丈夫ですものね。細菌の場合は違うのですね。

矢作　体質的に親和性があると重症化して、死に至るのです。ウイルスだと、死に至るまでにはなかなかいきません。

はせくら　宿主が死ぬということは、ウイルスも死ぬということですものね。

矢作　そう、いわゆる心中してしまうということなのです。

２０１９年までは、感染性肺炎で亡くなる人が、毎年少なくとも約10万人近くいました。これは、ウイルス性の肺炎が直接の原因で亡くなる人と、ウイルス性の疾患から２次感染として細菌が被った肺炎で亡くなる人の、総和の数なんです。

つまり、ウイルスだけで亡くなる人というのは、多くない可能性があるわけです。基本的には、宿主の体が強ければウイルスで亡くなることはあまりありません。亡くなっている人というのは、ほとんどが高齢者です。

はせくら　なるほど、そういうことなんですね。

矢作　結核菌のように、特殊で非常に強固な菌というのは、周りに硬い殻があってなかなか死なないんです。

そんな菌がそこかしこにいて、大勢の人が亡くなっていつ自分も感染するか分からないのに、戦時中のご先祖たちは健気にも、世界を相手に戦っていたわけですよ。

その当時の人たちが今の状況を見たら、驚くと思います。死亡率がそんなにも低いのに、みんなして怯えてマスクに頼っている。

国内で、新型コロナウイルスで100万人死にましたというんだったら確かに大変ですが、1年間で亡くなった方は1万人にも届かないという状況です。

はせくら　本当に、全体を俯瞰して見るということがすごく大事ですね。

矢作　それが、心の安定にも繋がりますからね。

俺はもうダメだと落ち込んで自殺する人もいれば、**神様は、乗り越えられない試練を課すわけがない**と考える人もいます。

どちらの視点に立ったほうが良いかは明白でしょう。

はせくら　視野狭窄《きょうさく》を打破するには、どうしたらいいですか?

矢作　やはり結局は、「無知の知」というものを知って、「自分の限られた頭と視野で世の真理が分かるわけがない」と悟ったら変わると思うんですよね。

はせくら　まず私には、知っていることがあります。そして、知らないことがあるということを知っています。さらにその上には、知らないということさえ知ることのできない、想像もつかないような膨大な世界が広がっているんだろうなと思います。

そうなると、私が知っている範囲というのは、本当に小さい一部分。この膨大な知らない海に囲まれているからこそ、逆に安全安心だと思うわけです。

矢作　そうですね。

はせくら　知らないということは、これから知ることができるという意味で、可能性の海ということです。

私たちは皆、可能性の海にぷかぷかと浮かんでいます。

果てしなく広がる海によって守られている、生かされていると思えるから楽しいんです。

矢作　これから先に起こることが全部分かったら、何も面白くないですしね。

はせくら　そう。コンピューターのプログラムを作動させ、ハイ起動しました、終了しましたではつまりませんよ。

知らないから、知るという行動を続けつつ、それで私という神の話、神話を作っているんですね。

「コロナてんでんこ」の勧め

はせくら　例えば今、我が国では、ワクチン接種は任意接種ですが、家族間や親しい人の中で、意見が割れていて、互いに分かり合えないときはどうしたらいいですか?

矢作　分かります。私にとっては、そこの答えははっきりしています。家族といえども、基本的には他人なんですよね。

はせくら　自己と他者という意味においてですね。

矢作　そうです。宇宙的に見れば本来は一つのものが、個別性を持ってこの世界に生まれてきている理由というのは、いったい何かということです。

魂のレベルで近い遠いというのはあるにせよ、やはり肉体としては別なんです。ということは、別物として扱いなさいということだと思います。

それぞれが個別の生き物なのですから、最後は自由意志で決めるのです。

自分に同調してくれるよう、説得したい家族や友人がいるかもしれないですが、自分の意見とそれをどう受けとるかという他者の意見や行動はまったく別なので、結果は気にするなとしか言いようがないですね。

はせくら　「津波てんでんこ（＊津波被害が多い三陸地方で伝えられる言葉。「津波が起きたら家族がいっしょにいなくても気にせず、てんでバラバラに高所に逃げ、まずは自分の命を守れ」という意味）」ではなくて、「**コロナてんでんこ**」がいいのですね。

矢作　まさにそれです。それが、個別性なわけです。

生きて全体の意識の進化に貢献するという意味では、心中になるような道は歩かなくていいのです。

それが親子であっても、良くない方向へいく道連れになるというのはやはり正しくないと思うんです。

はせくら　うーん、そうかぁ。それでもなんとか知ってほしいと思うときは、どうなのでしょう？

とはいえ、すでに大多数の「正論」に囲まれて、疑いを抱くことさえなくなっているときは？

矢作　そこはけっこう難しいです。一所懸命説得しても、解けない場合がほとんどです。

それには、もっと大きな愛や感謝といったエネルギーが必要なのではないかと思います。テクニカルに洗脳を解く方法というのも、もちろんありますが。

はせくら　そうなのですね。

矢作　世が世なら、こうした危急の場合には、天皇が模範を示すという手段があるんです。例えば、昭和天皇は、第二次世界大戦の終了時に素晴らしい模範を示しておられました。いわゆる占領憲法を越えて、天皇ご自身がサンフランシスコ平和条約の道をつけられたのです。当時の内閣を差し置いてでもそうなさったというのが、天皇が天皇たる所以なんです。天皇は、神と人との仲取り持ちですから、正しい方向を知っておられるのです。

このコロナ騒ぎにおいて、現状がここまでひどいのですから、これ以上悪い方向にいくような扇動はしないようにというお導きも、可能性としてはあると思いますね。

はせくら　民衆がレミングのネズミのように、どんどん海に飛び込んでいくのを黙って見ているには忍びないですものね。

先ほどの民主主義の話になりますが、数の原理によって先導していくような体制には、その数を作ろうとする意志が見えますよね。

でもそこが表に現れていない、隠されているということは、その民主主義と呼ばれている数の原理から表出した今の状況が、必ずしも正しいわけではないということです。

それが、どれだけ宇宙の真理と合致しているかをしっかり確認した上で、行動することが大事ですね。

新型コロナウイルス感染症が、世界で同時多発している理由

はせくら　ところで、今回の新型コロナウイルス感染症は、なぜここまで世界同時多発的なのでしょうか?

矢作　それは、わざとやっているからでしょうね。わざとということに気づいてほしいわけです。なんで新型コロナウイルスだけというところが出だしでないと。

２００９年の新型インフルエンザのときでさえ、こんなに大騒ぎしなかったですもんね。

国立感染症研究所から発表された感染者数は、累計で９０２万人でしたが。

もちろんこの数字は、１０００万人罹患するといわれる季節インフルエンザと比べて、多くありませんでした。

はせくら　新型コロナウイルスも、世間の扱いは新型インフル程度になるかと思ったのですが、今回はまったく扱い方が異なっています。

やはり、グレートリセットを見込んでのことですか？

矢作　そうですね。

新型コロナウイルスは人工だとも言われていますが、それを設計した人の意図で、変異すると強くなる可能性が高いようなんですね、自然のウイルスと違って。

そして、黄色人種には比較的、感染が弱い傾向にあります。

はせくら　なぜ黄色人種はウイルスに強いのでしょうか？

矢作　ウイルスへの耐性という面で見ると、本来の遺伝子の中にはかなり広い領域の「組織適合抗原」という部分があるのですが、そこが、黄色人種と白人、黒人で違うのでしょうね。

ウイルスを拒絶するかどうかというのは、組織適合抗原の役割が大きいと言われているんです。

おそらく、遺伝子の中にそれを決める部分があるのではないかと思うんですね。

はせくら　これから、いろんなウイルスや細菌、感染症が増えると思うんです。

新型コロナウイルスよりもっと強いものとか、奈良で出たような……。

矢作　薬剤耐性菌（＊治療に使用する特定の種類の抗菌薬が効きにくい、または効かなくなった細菌）ね。

はせくら　そんな菌が蔓延してしまったら、本当に為すすべがなくなってしまいます。

矢作　手立てがないわけですからね、あれには。

とはいえ、やはり、**体が弱くなければ大丈夫**なんですよ。

だってＭＲＳＡ（methicillin-resistant Staphylococcus aureus　メチシリン耐性黄色ブドウ球菌）なんて、流行った時分は騒がれましたが、**普通に元気な人であれば、キャリアになることはあっても発症することは稀ですし、まず死にません**。

心配性の人だったら、ウイルスが強毒化するということは、感染もどんどんひどくなると思うかもしれないですね。

けれども、ウイルスが非常に強毒化すれば、逆に広がらないわけです。宿主が死んでしまうからですね。

その最たるものがエボラ出血熱です。あれにかかると80％の確率で死んでしまうのですが、ある程度までしか広がらないのです。

宿主が死ねば、たとえ人工であろうとウイルスもそれ以上は移ることができませんから。

はせくら　そこで終わってしまうのですね。

矢作　そう考えれば、**どちらに転んでも怖くないん**です。

今を生き、心の純度を高めることに本気になる時代

はせくら　では、最後の質問ですが、昨今の風潮である分断、孤立、管理の中においても、健やかに安心して、たくましく生きるためにはどうしたらよいでしょうか?

矢作　**メディアリテラシーのある人とコミュニケーションをとりながら、理解し合って進むのがいい**のではと思いますよ。

はせくら　それが、**多極化**していくことにもなりますね。

多極化して、それぞれが心地よい世界で、楽しく過ごせばいいのです。そう思ったら、な

んの問題もありませんね。

矢作　本来は、世の中に起こる出来事というのは問題ではなく、あくまでも事象にすぎないのです。意味を持った事象と言えると思いますが。

はせくら　あとは、個々の解釈の違いですよね。どの世界を選び、どう構築するかは自分次第です。

それぞれの個体が持っている性質、性格、行動様式のもととなる考え方は目に見えませんが、いろんな事象が起こることで、目に見える化されます。

そうした中で、自然の流れをウォッチしていくのが良いのでしょうか。

矢作　本来、その流れを作っているのは地球ですからね。人間ではないのです。

はせくら　地球は変化しつつ、成長していきますよね。

矢作　変化は楽しいものです。もちろん、人によってとても苦しい状況に追い込まれることもあるとは思いますが。

はせくら　心の純度を高めて、何があっても大丈夫と確信できる境地まで行ければいいですよね。

縄文から脈々と受け継がれている素晴らしい遺伝子が私たちにはありますので、その気になれば誰でも行くことができる時代でもありますから。

矢作　本気になって、今・ここの中今を生き、心の純度を高めていく絶好の機会ですね。

はせくら　中今と清らかさ……。はい、霊性を磨いていけるよう、精進いたします。

矢作先生、この度は、たくさんの実りあるお話をありがとうございました。

矢作　こちらこそ、たいへん勉強になりました。ありがとうございました。

おわりに

矢作直樹

もうずいぶん前の話になりますが、子供の頃に読んだ『チャイルドブック』などの絵本に出てくる絵のように優しく明るいタッチながら、実は光に満ちた圧倒的な迫力をもった絵が、印象に残りました。

それは、「はせくらみゆき」という方が描いたものでした。

その後、『宇宙一切を動かす「数霊」の超メッセージ』（ヒカルランド）という本を目にして、数霊の意味をここまで明確に語れる人がいることに驚きました。

そして、共通の知人のお宅で、初めてはせくらさんとお会いする機会を得たのです。

はじめは、突然「閃き」を得る人に変化する方として、その能力に感心させられました。

それから交流を重ねていく中で、はせくらさんが画家であるだけではなく、私が感銘を受けていた数霊の本の著者でもあることを知りました。

今回の対談では、はせくらさんに言霊、数霊、音霊、形霊、色霊の奥義の一端を垣間見させていただき、まだ完全に理解したとはいえないまでも、大和言葉に秘められた大宇宙の真理に思いを馳せることができました。

長い年月をかけて、いただいた天啓を丹念に記述し、この奥義に至ったという膨大なノートを見せていただき、思考を重ねてここまで昇華されたことには、言葉もありません。

この情報を、読者の皆様と共有できるのは、本当にありがたいことです。

さて、皆様は、近頃、空が以前にもまして様々な表情を見せ、綺麗になったと感じられたことはないでしょうか？

地球のエネルギーの質が、より精緻になりつつあるからでしょうか。

このような時代に、地球の上で生活させてもらっている私たちも、まさに「今の時代を読み解きながら、霊性を磨いていく方法」を実践できればと思います。

「永遠の存在としての『いのち』——私たちの本質が希求しているのは、霊性進化の歩みであり、常に大調和へと向かい、生成発展していこうとする姿です」

この、はせくらさんが「はじめに」でおっしゃることに、深く共感しております。

まさに私たちは、「素晴らしきメタモルフォーシスの時代」に生かさせてもらっています。


第一章では、現在の新型コロナ感染症騒動と、それを契機とした社会の変化について、背景も含めてその意味や、私たちがどのように対処していけばよいかをお話しさせていただきました。


そして、次の第二章が大変重要かと思います。

はせくらさんが示してくださった、我が国が大和言葉を通して、やがて大調和を顕現させることを感じていただければ幸いです。

私たち一人ひとりが大和言葉を意識することで、知らず知らずのうちに世の中が変わることでしょう。


そして、感謝して、中今を生ききれば良いのです。

今回の対談で、「素晴らしきメタモルフォーシスの時代」に、どう生きていくかがうまくお話しできていれば幸いです。

令和《れいわ》から始《はじ》まる
天地《てんち》と繋《つな》がる生《い》きかた
時代《じだい》を読《よ》み解《と》き　霊性《れいせい》を磨《みが》く方法《ほうほう》

矢作直樹《やはぎなおき》　はせくらみゆき

明窓出版

令和三年十一月一日　初刷発行

発行者――麻生真澄
発行所――明窓出版株式会社
〒一六四―〇〇一二
東京都中野区本町六―二七―一三
電話　（〇三）三三八〇―八三〇三
FAX（〇三）三三八〇―六四二四

印刷所――中央精版印刷株式会社

落丁・乱丁はお取り替えいたします。
定価はカバーに表示してあります。

ISBN978-4-89634-439-4

矢作直樹公式 WebSite
hhttps://yahaginaoki.jp/

矢作直樹（やはぎなおき）

東京大学名誉教授。医師。

1981年、金沢大学医学部卒業。

1982年、富山医科薬科大学の助手となり、83年、国立循環器病センターのレジデントとなる。同センターの外科系集中治療科医師、医長を経て、99年より東京大学大学院新領域創成科学研究科環境学専攻および工学部精密機械工学科教授。

2001年より東京大学大学院医学系研究科救急医学分野教授および医学部附属病院救急部・集中治療部部長となり、2016年3月に任期満了退官。


著書には、『人は死なない』（バジリコ）、『おかげさまで生きる』（幻冬舎）、『お別れの作法』『悩まない』（以上、ダイヤモンド社）など。

はせくらみゆき公式 WebSite
https://www.hasekuramiyuki.com/
（社）あけのうた雅楽振興会
https://www.akenoutagagaku.com/

はせくら みゆき

画家・作家。

生きる喜びをアートや文で表すほか、芸術から科学、ファッション、経済まで、ジャンルにとらわれない幅広い活動から「ミラクルアーティスト」と称される。日本を代表する女流画家として、2017 年にはインドの国立ガンジー記念館より、芸術文化部門における国際平和褒章を受章。2019 年には国際アートコンペ（イタリア）にて世界三位、2020 年 MINERVA 展（イギリス）では準大賞となる等、世界の美術シーンで活躍している。

他にも雅楽歌人としての顔や、日本語新発見ツール「おとひめカード」の開発などを通して、和の文化を継承する活動も行っている。

主な著書に、『パラダイムシフトを超えて』、『数霊決定版』（徳間書店）、『OTOHIME』（Neue Erde・ドイツ）など、多数がある。

一般社団法人あけのうた雅楽振興会代表理事。

英国王立美術家協会名誉会員。

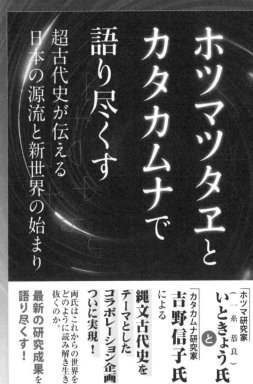